向高效要业绩

倍增业绩的54种实战方法

刘靖 ◎ 著

廣東旅游出版社
GUANGDONG TRAVEL & TOURISM PRESS
悦读书·悦旅行·悦享人生

中国·广州

图书在版编目（CIP）数据

向高效要业绩：倍增业绩的54种实战方法 / 刘靖著. —广州：广东旅游出版社，2019.7
　　ISBN 978-7-5570-1802-3

　　Ⅰ.①向…　Ⅱ.①刘…　Ⅲ.①工作方法－通俗读物
Ⅳ.①B026-49

中国版本图书馆CIP数据核字（2019）第072091号

出 版 人：刘志松
责任编辑：陆　涛　于子涵

向高效要业绩：倍增业绩的54种实战方法
XIANG GAOXIAO YAO YEJI：
BEIZENG YEJI DE 54 ZHONG SHIZHAN FANGFA

广东旅游出版社出版发行
地址：广州市越秀区环市东路338号银政大厦西楼12层
邮编：510060
电话：020-87348243
印刷：天津文林印务有限公司
（地址：天津市宝坻区新开口镇产业功能区天通路南侧21号）
开本：787毫米×1092毫米　1/16
字数：209千字
印张：15.5
版次：2019年7月第1版
印次：2019年7月第1次印刷
定价：49.80元

【版权所有 侵权必究】

本书如有错页倒装等质量问题，请直接与印刷厂联系换书

目 录

第一章　高效人士自我修炼

第一节　方法正确，高效工作有保障　/ 4
　　我和韦师傅的故事　/ 5
　　香港老板的效率观　/ 6
　　低效人士的三种类型　/ 7
　　高效工作的七个方法　/ 8

第二节　先行一步，可胜过棋高一着　/ 10
　　喜欢羊的皇帝　/ 10
　　先行一步，"笨功夫"产生好结果　/ 11

第三节　练好内功，熟能生巧促高效　/ 14
　　勤奋，是成才的基础条件　/ 14
　　多走一步，找到适合的基准点　/ 14
　　下苦功夫练习　/ 15

第四节　解决问题，为高效扫除障碍　/ 16
　　方法正确才能解决问题　/ 16
　　我在东风汽车集团讲课　/ 18

　　　　　掌握分析问题的技能　　　／ 19
　　　　　认真、彻底地解决问题　　／ 21
　　　　　分享解决问题的经验　　　／ 22

　第五节　删繁就简，轻装上阵才高效　　／ 23
　　　　　删繁就简郑板桥　　／ 23
　　　　　小周的职场人生　　／ 24

　第六节　认真工作，高效需要责任心　　／ 28
　　　　　我写新闻稿侧记　　　　　／ 28
　　　　　少些浮躁，认真对待工作　／ 29
　　　　　要从小处着手，更要从大处着眼　／ 29
　　　　　邓稼先的认真负责精神　／ 30

　第七节　不忘初心，将高效进行到底　　／ 32
　　　　　黄旭华院士的初心　　　／ 32
　　　　　高效，要有明确目标　　／ 33
　　　　　高效，需要脚踏实地　　／ 33
　　　　　高效，需要锲而不舍　　／ 34
　　　　　高效，需要借船过河　　／ 35
　　　　　无可奈何的副总经理　　／ 35
　　　　　高效，树立不等不靠思想　／ 37
　　　　　高效，关键点要斤斤计较　／ 37

　第八节　勤于思考，多为高效找方法　　／ 39
　　　　　李世民与突厥之战　　　　／ 39
　　　　　我与网商没有结局的合作　／ 41

　第九节　与上同频，让高效不走弯路　　／ 44
　　　　　姚老板如是说　　／ 44

企业职员需要与上同频　　　/ 45

让自己不断进步　　　/ 46

第二章　自我OJT：高效率密码

第一节　岗位OJT，效率提升有利器　　　/ 49

什么是OJT　　　/ 50

什么是自我OJT　　　/ 50

刘媛媛的自我OJT故事　　　/ 50

爱迪生的自我OJT传说　　　/ 52

第二节　自我OJT，以点带面促高效　　　/ 54

从主管到工厂老总　　　/ 54

成功离不开学习　　　/ 55

燃起自身激情之火　　　/ 57

带动团队同步提升　　　/ 58

第三节　克服恐惧，大胆自我OJT　　　/ 60

我向培训师蝶变　　　/ 60

克服对自我OJT的恐惧心理　　　/ 61

藐视困难，树立自我OJT的信心　　　/ 62

用平常心看待学习中的困难　　　/ 63

第四节　三大技巧，助力自我OJT　　　/ 64

韩副总的自我OJT定位　　　/ 64

方法正确，自我OJT才高效　　　/ 66

第五节　七步制胜，自我OJT要遵循　　　/ 71

李主管的职场人生　　　/ 71

掌握方法步骤，有效开展自我OJT　　/ 73

信心与坚持，是自我OJT的基石　　/ 73

第六节　四个核心，自我OJT有基石　　/ 74

知识储备　　/ 74

技能加强　　/ 75

态度端正　　/ 76

习惯良好　　/ 76

第七节　四项条件，自我OJT应注意　　/ 77

我与新闻的不解之缘　　/ 77

科学计划　　/ 78

认真学习　　/ 80

准确判断　　/ 80

学会变通　　/ 80

第八节　三大目标，自我OJT要紧盯　　/ 83

总监因何被淘汰　　/ 83

初期阶段注意事项　　/ 85

中期阶段切勿半途而废　　/ 85

后期阶段应当坚持　　/ 86

第三章　用魔咒打开高效之门

第一节　建立高效职业观　　/ 89

香港老板讲故事　　/ 90

伟人的职业观　　/ 90

人生目标需要定位　　/ 92

以积极心态面对人生目标　　/ 93

　　　　　适时进行阶段性调整　　／93

　　　　　做好总结工作　　／93

第二节　寻找高效率方向　　／94

　　　　　内刊采编杨小姐　　／94

　　　　　小陆在职场弯道超车　　／96

第三节　工作任务解码好　　／98

　　　　　正确解码上司要求　　／98

　　　　　三朝元老张廷玉　　／99

　　　　　善于揣摩上意　　／100

　　　　　了解上司的职业化信息　　／100

　　　　　判断上司的风格和类型　　／101

第四节　实效促进高效率　　／102

　　　　　工作浮躁的李小姐　　／102

　　　　　实效是高效的基础　　／103

第五节　乐为高效找支点　　／104

　　　　　呼和浩特奇遇　　／104

　　　　　"打鸡血"的培训机构　　／105

　　　　　培训师的定位　　／106

　　　　　选对支点才高效　　／107

第六节　腾飞效率增业绩　　／108

　　　　　职场人小郭　　／108

　　　　　卓越的学习精神　　／109

　　　　　探索职场成功法宝　　／110

　　　　　用高效促进业绩增长　　／110

第七节　高效者的时间观　/ 112
　　和台湾经理打赌　/ 112
　　表格记录分析法　/ 115
　　工作状态对照法　/ 116
　　工作时间合理安排法　/ 117
　　工作分类法　/ 118
　　让效率意识贯彻始终　/ 118

第八节　给"老黄牛"插翅膀　/ 119
　　领导的期望　/ 119
　　王师傅的老黄牛精神　/ 120
　　学会"投机取巧"　/ 121
　　选对高效工作路径　/ 122
　　更新陈旧观念　/ 122

第九节　定位精准才高效　/ 123
　　让我尴尬的编剧定位　/ 123
　　借助SWOT分析定位精准度　/ 124
　　分析自身条件和外部环境　/ 125
　　高效的图书出版定位　/ 126

第四章　十项技能促高效

第一节　职场纵横，绷紧效率这根弦　/ 131
　　胡小姐的职场沉浮　/ 132
　　不一样的效率观　/ 133

第二节　巧管时间，工作过程见高效　/ 135
　　台湾家长的时间观　/ 135

　　　　将时间管理融合在工作当中　　　／136
　　　　好方法是省时高效的宗师　　　　／137

第三节　方法灵活，高效工作有奇招　　／140
　　　　秒杀问题，志高总裁说故事　　　／140
　　　　说效率，江门老总选厂长　　　　／141

第四节　记录灵感，高效工作有办法　　／143
　　　　怎样让灵感产生价值　　　／143
　　　　方法正确，脑力劳动有灵感　　　／144

第五节　把握时机，创造高效别犹豫　　／146
　　　　善抓商机，志高老总有奇招　　　／146
　　　　巧用时机，海尔公司这样做　　　／147

第六节　超越一点，高效其实也简单　　／148
　　　　主动一点，业绩就会更好　　　／148
　　　　超越一点——我的升职法宝　　　／149

第七节　一丝不苟，敢为高效担责任　　／151
　　　　画家刘畔丁的一丝不苟精神　　　／151
　　　　书法家张中山的认真与审慎　　　／152

第八节　技能过硬，高效需要熟生巧　　／154
　　　　技能娴熟是高效前提　　　／154
　　　　知名画师的辛勤汗水　　　／155

第九节　执着工作，高效要有责任心　　／156
　　　　菲律宾总经理的无奈　　　／156
　　　　端正心态，别把责任当负担　　　／157
　　　　告诉自己：责任就是"磨刀石"　　　／157

提示自己：责任是领导信任的基石　　　/ 157

提醒自己：承担责任是成功的先决条件　　　/ 158

第十节　即时总结，延伸高效增价值　　　/ 159

名师也在做总结　　　/ 159

勤于总结，高效价值再延伸　　　/ 160

第五章　个人高效率，团队好业绩

第一节　人人高效，团队做出好业绩　　　/ 163

业务团队的新成员　　　/ 163

早起的鸟儿：李嘉诚　　　/ 165

早起的鸟儿有虫吃　　　/ 165

做早起的鸟儿，以勤奋为基础　　　/ 166

做早起的鸟儿，要量力而为　　　/ 167

勤奋拼搏，成为吃虫子的鸟儿　　　/ 167

第二节　工作专注，业绩倍增有保障　　　/ 169

三心二意，职场失利　　　/ 169

认真专注，业绩进步　　　/ 170

王牌推销员的执着劲儿　　　/ 171

第三节　制定规则，六项法则促高效　　　/ 173

高效团队要明确职责和标准　　　/ 173

高效团队要有行动口号　　　/ 174

设定团队的规则和潜规则　　　/ 175

高效团队要有强凝聚力　　　/ 176

高效团队要有很强的执行力　　　/ 178

培养专业人才和多技能工　　　/ 179

第四节　士气高昂，激情缔造好业绩　　/ 181
　　邱斌的故事　　/ 181
　　企业中，团队士气作用重大　　/ 182

第五节　凝聚人心，机制教育塑职商　　/ 183
　　建立以人为本的机制　　/ 183
　　统一思想有方法　　/ 183
　　优秀企业这样做　　/ 184
　　某集团三大措施塑职商　　/ 185

第六节　找到妙方，营造高效率氛围　　/ 187
　　温州老板的困惑　　/ 187
　　激发员工的比赛兴趣　　/ 188
　　每天进步一点点　　/ 189
　　培养高效工作的习惯　　/ 189

第七节　六项举措，团队业绩持续增　　/ 190
　　高效，要有正确效率观　　/ 190
　　高效，要有正确时间观　　/ 190
　　陶瓷样板的故事　　/ 192
　　高效，应随时记录想法　　/ 193
　　超越一点：她从普工到干部　　/ 194
　　学会把握行动时机　　/ 195

第六章　好业绩团队构建措施

第一节　头狼效应，强将手下无弱兵　　/ 200
　　能先干一步，才好当干部　　/ 201
　　沟通到位，管理不累　　/ 201

　　　　　用好一支笔，缔造好业绩　　　／202

　　　　　好领导是"链合"高手　　　／203

第二节　团队文化，高效率的软环境　　　／204

　　　　　我与人事主管的分歧　　　／204

　　　　　不同文化孕育不同的团队业绩　　　／207

第三节　人员管理，技巧也能促高效　　　／208

　　　　　A：方法（Approach，具有适用性）　　　／208

　　　　　D：展开（Deploymnet，方法可持续性）　　　／209

　　　　　L：学习（Learning，方法的完善性）　　　／209

　　　　　I：整合（Integration，方法与组织协同性）　　　／209

　　　　　高效团队人员管理二七一法则　　　／209

第四节　人才培养，提升业绩好措施　　　／211

　　　　　盘点现有人才　　　／211

　　　　　制订团队人才培养OJT计划　　　／211

　　　　　正确看待人才"眼高手低"现象　　　／212

第五节　学习提升，培训促使快成长　　　／213

　　　　　学习，让卓越走向自己　　　／213

　　　　　华罗庚的故事　　　／213

　　　　　培训，让团队高速前进　　　／214

第六节　主管负责，员工高效有导向　　　／216

　　　　　敢于负责，张瑞敏这样带团队　　　／216

　　　　　任正非自罚一百万元　　　／217

　　　　　做有担当的高效主管　　　／218

第七节　五步训练，培育部属讲方法　　　／219

　　　　　说给他听（让他说给你听）　　　／219

　　　　做给他看（让他做给你看）　　　／ 219

　　　　和他一起做　　　／ 220

　　　　让他连续做五遍　　　／ 220

　　　　检查、纠错　　　／ 220

第八节　有效激励，业绩增长促进剂　　　／ 221

　　　　走出激励的误区　　　／ 221

　　　　学会无成本激励　　　／ 222

　　　　赢通公司的激励措施　　　／ 222

　　　　"包丹袋"的故事　　　／ 223

　　　　我对部属的批评激励　　　／ 224

　　　　高效主管应了解的激励方式　　　／ 225

　　　　激励的注意事项　　　／ 226

第九节　持续创新，科学决策提业绩　　　／ 228

　　　　用人创新，高效团队活力强　　　／ 228

　　　　产品创新，高效推出新品类　　　／ 229

　　　　管理创新，团队蝶变出效益　　　／ 229

　　　　获利创新，思路带来好效益　　　／ 229

第十节　汇聚智慧，众人献策绩效高　　　／ 231

　　　　鸭子战胜了老鹰　　　／ 231

　　　　抱团的蚂蚁力量大　　　／ 232

第一章 高效人士自我修炼

我曾经看到过一句话："实力，决定别人对你的态度。"它很好地诠释了"高效人士自我修炼"的观点。如果说"高效是职场和社会的生存法则"，那么，实力就应该是高效的基础。而高效和实力，皆需要自我修炼作为支撑。

说到高效人士的自我修炼，我印象最深的，莫过于广东省著名实业家李兴浩先生。

看过《品牌公理》一书的人，相信都对广东志高集团董事局主席李兴浩先生创建志高商业帝国的事迹略知一二。这位从赤脚种田的农民大叔奋斗到拥有600亿元身家的著名企业家，背后的奋斗故事可用"一串又一串"来形容。

因为指导实施卓越绩效项目的需要，我于2018年4月底进驻志高集团位于佛山市的生产基地，历时3个月时间，深入了解李先生至高的商业境界和无穷的内在动力。

虽然已届花甲，李先生依然保持着高效工作的旺盛斗志，走路脚底生风，说话妙语连珠，处理问题干脆利落。他那宽阔的脑门上，仿佛永远写着著名企业家的精干、睿智和对工作的热忱。

作为改革开放后第一代企业家的典范，李先生拥有那一代创业者身上共有的务实、高效、勤勉和坚韧等优良品质，无愧于新时代企业家的行动表率与敬业楷模。一代著名企业家如此，对于刚开始创业或者在职场打拼的普通人来说，我们是否更应该加强自身修炼呢？

我有一次在温州市委党校给企业家训练营讲课时，曾向企业家学员提出一个问题:"你们作为企业的高层领导或老板,通常会器重什么样的下属?"在得出的答案中,最多的有五类,排序依次是:工作效率高、业绩表现出色、有职业责任感、能理解上司意图正确做事、有团队协作意识。

除了企业家和总裁级高管,我还向中层、基层管理干部分别提过此问题,在得到的诸多答案中,期望部属"工作效率高"的要求一直遥遥领先。

我在外企任职中层、高层累计13年,又在企业管理培训、咨询行业深耕13年,对此深有感触。在我之前出版的7部管理书籍中,也从不同角度探讨了关于提高效率的方法和措施。

在此,我就高效人士的自我修炼提出一些建议,供读者参考。

第一节　方法正确,高效工作有保障

在企业做事需要高效率,自己创业搞经营更需要高效工作突破业绩、降低成本,尽最大可能让经营效益最大化。

不管我们从事何种行业,也不管我们在什么岗位工作、任什么职务,要提高工作效率,必须采用正确的工作方法。

2017年12月14日,在第四届中央人民广播电台"京城好医生"推荐活动颁奖盛典上,著名主持人白岩松说了这样一段话:"我们不能只有好方向没有好方法。没有好方法,好方向是不能达到目标的。"

我在讲授《高效团队建设》课程时,常常和学员分享:如果你是一个埋头苦干的人,要想提高工作效率,建议你在接到工作任务后,不要急于行动，先停下来，思考一下采用什么样的工作方法；如果你的工作任务已经在进行中，请你检查一下自己的工作方法是不是正确，或者说是不是最科学的，还有没有更好的工作方法让效率再提升一些。

俗话说"磨刀不误砍柴工"，找到正确的工作方法，能让你收到事半功倍的效果。

我和韦师傅的故事

二十多年前，我在广东一家生产工艺陶瓷的港台合资企业任生产课长时，曾亲历过一件很典型的探索正确方法提高生产效率的事情。

当时，公司业务部接到一个出口加拿大的订单，生产豆青釉系列陶瓷茶具。茶具的造型为六角形宝塔式结构，分茶壶、茶杯、茶盘、奶罐、奶杯、杯垫6个款式，形体很精美。按照订单要求，瓷器边缘和纹路突出部位，要做出浓淡相宜的层次效果，而且要求过渡自然，有良好的立体感。

我受当时的"下海潮"影响，1993年到深圳进入外企工作，我之前从事过的教学、新闻、文化和在党政机关的工作经历，都与陶瓷生产不沾边。所以，尽管我任职生产课长，主管五个部门，但对陶瓷制作技术的认知依然不够深刻。当时在公司负责技术工作的是一位来自台湾，具有三十多年陶瓷制作经验的韦师傅。豆青釉系列陶瓷茶具产品上线时，韦师傅按照自己丰富的制瓷经验，依照传统的生产工艺流程，教给施釉人员的操作方法分为以下五道工序：第一道，对烧成素坯的陶瓷坯体通过质检，将良品素坯放入调制好的色釉釉浆中，进行整体浸施；第二道，将浸过色釉釉浆的坯体，用刀片轻轻刮掉要做层次效果的坯体边缘和纹路突出部位；第三道，将海绵用水浸湿，挤出多余水分，在刮过釉浆的纹路部位擦拭出过渡效果；第四道，把经过擦拭处理的施釉坯体，再整体喷涂一次透明釉釉浆；第五道，擦去底部边缘的釉浆，再放进窑炉烧制成成品。

生产线上的工人按照韦师傅这样的方式操作，虽然也能做出产品，效率却非常低。施釉部安排16名员工，白天工作8小时，晚上加班4小时，每天才制作400多套。尽管效率如此低，第三道工序擦拭出的"露白"层次效果也不够自然，达不到客户签字样板要求。而由于第二道工序极易造成刚浸过釉浆的釉面损伤，导致返工率超过20%，报废率超过5%。这样低效率、高返工、高报废的生产方式，让人深感无奈。

很显然，这是工作方法出了问题。

香港老板郑先生是做贸易起家的，对制作陶瓷是门外汉。他对这样低的生产效率和如此高的返工数量非常头疼，而自己也没有办法，就要求韦师傅想办法提高生产效率。

韦师傅虽然做了三十多年陶瓷，却受思维局限，想不出改进方法。

香港老板的效率观

郑老板看韦师傅一副江郎才尽的无奈相，知道他实在想不出好方法，就试着找我商量，看我能不能想出提升效率的办法。

我受命后，一边要求施釉部主管暂停生产，总结教训，思考提高工作效率的方法；另一边，我组织技术人员，对生产工艺进行分析研究，试着寻找快捷的办法。经过两次改进，效果虽有好转，但还是不理想。郑老板对改进后的方法也不太满意，鼓励我再动脑筋。

于是我开始在陶瓷的工艺特性和制作工序方面寻求高效方法。考虑到浸釉浆的陶瓷坯体是经过780度烧烤的，具有很强的吸水性，我就让施釉部主管测试新的操作工序：第一道，找一块含有一定水分的海绵，先将要做层次效果的坯体边缘和纹路突出部位擦拭一遍，减弱这些部位的吸水性，然后浸施釉浆；第二道，擦去底部边缘的釉浆，并放进窑炉经1280度高温烧制成成品。

测试结果非常成功，不但将原来的操作工艺流程从原来的五道工序减少为两道，而且做出来的层次效果也更自然，与客户提供的签字样板非常接近。

找到正确方法后，我让施釉部主管重新布局生产线，结果生产效率一下子提高了近11倍，返工率也大大降低。原本16名员工每天12小时生产400套左右，返工率高达20%以上，报废率超过5%。新的操作工序实施后，员工由16名减少为7名，1天12小时的产量由400套左右突破至1900多套，返工率由20%以上降低到1.5%以内，报废率几近为零。

香港老板对探索出如此高效的方法非常满意，当众向我竖起大拇指。

低效人士的三种类型

通过分析我们发现，一些员工工作低效的状况通常可以归纳为以下三种类型。

一是不得方法，瞎子摸象型。这类员工多是不擅思考，在工作任务面前显得较为懵懂，对岗位工作知其一点而不知全面。所以，他们采用的方法也常常是挂一漏万，整体效果欠佳。

二是缺少经验，技能不足型。这类员工缺少工作经验，以刚走出校门或刚入行者居多。缺少工作经验的员工遇到具体问题时，不知从何入手，因缺少方法而自乱阵脚，导致工作效率低下。

三是说多干少，纸上谈兵型。通常这类员工存在较严重的浮躁心态，善于夸夸其谈，致使工作效率不尽如人意。

以上三种类型，不管哪一类，都不利于工作的高效开展。因此，我们要想在工作中达到高效率、好效果，最重要的是找到正确的、科学的工作方法。

高效工作的七个方法

我们应该怎样寻找正确、高效的工作方法呢？

结合以上案例，我总结出以下七点，供读者参考。

第一，只要有态度，就会有方法。

我们在工作中有没有正确的方法，首先要看有没有做好这份工作的端正、认真的态度。一个拥有积极、上进态度的人，一定会为做好工作去努力学习、多方请教、寻求正确而科学的方法，高效快捷、精益求精地完成自己负责的工作。

第二，打破常规，保持高效。

我们回顾一下上面的案例。有着三十多年陶瓷制作经验的韦师傅，为什么在制作豆青釉系列陶瓷茶具时没有高效的方法呢？这和他墨守成规、不善于动脑筋的思维方式分不开。其实，只要我们打破常规，遇事多动脑筋思考，不管遇到何种问题，我们都能找到第二、第三种方法。

第三，有使命感，有责任心。

假如我们对工作缺乏使命感，可能就不会为了效率去努力寻找方法。反之，当我们带着使命感和责任心去做工作时，内心就会点燃起热情、激情，就会认真、负责地投入到工作中，工作顺利时提高效率，遇到问题时及时动脑筋找方法。有了这样的状态，工作效率和效果就会大不一样。

第四，用最佳状态，做高效工作。

当我们以浑浑噩噩的状态应付工作时，思路就会受到阻碍，灵感就难以迸发。相反，当我们以最佳状态投入工作时，大脑思路清晰，行动快速敏捷，好方法也容易涌现。

第五，勤于思考，追逐高效。

不管是自己创业还是在职场就职，我们都应该明白一个道理：动脑筋想办法比埋头工作更重要。细心观察一下我们就会发现，那些工作效率高、效果好的同事、朋友，基本上都是善于动脑筋寻找最佳工作方法的人。

第六，汇聚集体智慧，采摘高效成果。

上面的案例告诉我们，一个人就算工作经验再丰富，也会遇到解决不了的问题。当我们在工作中遇到影响效率增长的问题，一个人冥思苦想找不到有效方法时，就要多找几个人商讨一下，汇聚众人的智慧。不要总认为别人的经验不足或知识不够，毕竟"三个臭皮匠顶个诸葛亮"。有时甚至可以听听与自己观点相左人的意见，说不定就能启发我们的灵感，激活我们的思路。

第七，养成好习惯，事事找方法。

我在外资企业任高管时，常常要求中层、基层干部养成为提高工作效率找方法的习惯。老实说，大家为提高工作效率找一次、两次方法，根本不是难事。难的是将为工作高效找方法变成一种习惯，不管是做什么工作，都自动自发地为提高工作效率寻找更科学、更有效的方法。

其实，为提高工作效率寻找方法的途径还有很多。要成为高效达人，首先要成为寻找高效工作方法的高手。

第二节　先行一步，可胜过棋高一着

在志高集团高层干部的微信朋友圈里，常会看到一个用集团董事局主席李兴浩先生的头像制作的大头贴，上面写着李兴浩的名言："心中想过无数次，不如撸起袖子干一次。"我在给志高集团中层干部授课时，也常有学员把董事局主席这句铿锵有力的话语作为行动的座右铭挂在嘴边。

其实，工作中能够快速行动，就是对执行力的客观解读。

喜欢羊的皇帝

相传古代有一位新皇帝登基。皇帝大都喜欢字画，但这位新皇帝在书画方面喜欢的题材与其他皇帝不一样，他特别喜欢"羊"。

中国的文字（尤其是繁体字）含意比较深刻，许多汉字都有一定的寓意。虽经历史演变，但其寓意仍在。比如："鸡"的发音通"吉"，隐含着"吉祥""吉利"之意；白菜的寓意是"百财"，寓意财源相聚；鱼的寓意是"余""富裕"，寓意生活美满富裕；羊的寓意是"祥""安详""祥和"，寓意健康和美；桔的寓意是"吉"，隐含着"吉祥""吉利"之意等。这样的寓意体现在画面上，别有一番趣味。例如画面上一只喜鹊站在梅花枝上，寓意为"喜上眉梢"；画面上有五只蝙蝠，寓意为"五福临门"；画面上有鸡和鱼，寓意为"吉庆有余";画一只鸡站在石头上,寓意就是"室上大吉"。如此推测,这位新皇帝喜欢羊这一题材的书画,应该是渴望盛世祥和、国泰民安吧。

画院负责人为了讨皇帝欢心,就安排了一位绘画功力很好的画师,专门练习画羊。该画师领命后,提出游学一年以提高画羊水平的要求,并得到画院负责人的准许。该画师利用这一年时间,深入民间寻访画羊高手切磋学习,练成了画羊绝技。回到皇室画院后,该画师施展绝技,画出的各种羊活灵活现。皇帝钦命该画师献艺,他仅用10分钟时间,一幅"群羊图"跃然纸上,赢得满堂喝彩。

这个故事告诉我们以下两个处世哲理。

一是先行一步练好内功。值得称赞的是该画师的心态很端正。他原本就是绘画功力很好的画师,在接受新任务时,不拿自己过去的资历倚老卖老,而是欣然受命,并提出游学深造画羊技法的要求。游学期间,他深入民间,遍访画羊高人,练习画羊绝技,终于成就自己。

二是成功不会从天而降。这位画师的经历告诉我们,每一个取得成功的人,都要以比别人付出更多的辛劳作代价。换句话说,只要我们树立起"先行一步"的思想,结合正确的方法,没有做不好的事情。

先行一步,"笨功夫"产生好结果

我们想高效工作,不只要在做事上"先行一步",在学习方面也同样要"先行一步"。我有一位关系很铁的朋友,叫张华明,现在定居澳门,是一位投资几家企业的成功人士。他的成长经历,就很好地诠释了"先行一步"的重要性。

20年前,张华明在广东省一家台资贸易公司做外贸跟单员。由于英文基础欠佳,他的跟单工作做得并不轻松。

张华明知道自己的短板在哪里,所以就想办法补足。订单上客户要求是什么、供应商是哪家、供应商信誉如何、生产能力如何、质量如何……所有与订单相关的内容,他都想办法了解清楚,烂熟于心。供应商在生产过程中阶段性的生产数据他也都要细致了解。自己有时间时,就亲自到供应商的工厂督导,掌握第一手生产材料。如果忙不过来,他就请供应商将每周甚至每天的生产报表传真到自己公司,然后加班加点对这些数据进行分析记录。他还买来几本厚厚的英语词典,发扬蚂蚁啃骨头精神,对那些生涩的英文订单和资料进行翻译。总之,所有他跟的订单,他都下足了"笨功夫"。

正是由于他树立了比别人"先行一步"的思想,所以他跟的订单不论在交货期方面,还是在品质和客户满意度方面,都是全公司最好的。不久,在高学历职员众多的贸易公司,老板竟然破格提拔他这个学历不高的跟单员当经理。

之后,张华明进入一家陶瓷原料公司的销售部工作。新工作面临新挑战,比别人"先行一步"的思想一直牢牢印刻在他的头脑中。经过一段时间的努力,他很快在销售部崭露头角,并被提升为销售部总监。在从贸易跟单向销售转行时,张华明同样付出了比别人更多的努力。做销售工作需要开车,他利用工作之余学习驾驶技术。在20世纪90年代电脑很稀缺的时候,他就自己买了一台二手电脑,一有时间就学习电脑操作知识。为了拿到一家规模较大的美资陶瓷企业的订单,他又坚持学习英语,以便和外国职员交流;等到把这家美资企业的订单拿到,他的英语会话已经像模像样了。

张华明的职场经历告诉我们,一个人一旦树立起"先行一步"的思想,并为之付出应有的努力,许多事情都是能高效率高质量完成的。

细心总结我们会发现,几乎所有优秀人士都有一个共同特点——"先行一步"的思想,比别人付出的努力更多。

第三节　练好内功，熟能生巧促高效

对各行各业的从业人士来说，要想提高业绩，就必须练好内功，以高效工作为前提。

我们来看一个当代画家的故事。

2011年，山东省著名书画家刘畔丁老师来广东采风。刘畔丁老师出生于山东临沂市沂南县，书法和绘画基本都是自学成才，主攻花鸟，擅长画牡丹和葡萄，对画葡萄更是情有独钟。在书画界，刘畔丁老师既是德艺双馨的画师，也称得上是高产的书画家。在书画方面要高产，必须有扎实的功力和高效的方法。在谈及他的成长史和书画修养时，刘畔丁老师总结出以下三点。

勤奋，是成才的基础条件

在练习书法和绘画时，刘畔丁老师坚信内功扎实、熟能生巧的道理，坚持多写多练，奠定自己的书法和绘画根基。

对中国画认知较深者都知道，中国画的线条是以书法为基础的。所以，刘畔丁老师在书法练习方面下足了功夫。在他看来，只有将书法内功练扎实，才能让自己所画达到驾轻就熟的地步。

多走一步，找到适合的基准点

刘畔丁老师原本学习的是西洋画，但他对中国画更为偏爱。于是，他在学习西洋画的同时，挤出时间习练国画。由于有书法基础，笔法和勾线的基本功已经娴熟，他很快就掌握了中国画的绘画技法，加上原本就对国画感兴趣，所以他的国画进步很快。等到国画技法达到一定程度时，他就毅然转变了画种，抛开西洋画专职研习中国画。

正是这种比别人多走一步的做事方式，让刘畔丁老师找到了自己在书画圈子的基准点，一步步脱颖而出了。

下苦功夫练习

不论是学习书法还是绘画，要入门并不难，但要想在众多的书画爱好者和专职书画家中脱颖而出，就不是想象的那么简单了。以画水墨葡萄为例，为了赋予画中葡萄的神韵，刘畔丁老师经常徒步走进深山，观察野葡萄的生长情况及在自然中的姿态，多次对着野生葡萄写生，或拍照后回家细心琢磨，寻求艺术与自然的和谐统一。细致观察加上潜心苦练，刘畔丁老师画的水墨葡萄日臻成熟，画中的葡萄枝干苍劲朴拙，叶子丰茂润泽，果实鲜活灵动，整个画面浑然天成，在国画界形成自己独特的艺术风格。

当我请刘畔丁老师谈他对绘画的体会时，他说："艺术道路上没有多少捷径可走。越是聪明人，越懂得下笨功夫、苦功夫的重要性！"

在艺术追求的道路上，刘畔丁老师用勤奋、刻苦奠定了高效的基石。功力扎实后，他创作书画不但速度快捷，而且章法奇诡、线条精准、笔墨酣畅、古雅朴拙，广受业界好评和书画收藏者喜爱。

2016年至今，刘畔丁老师创作的多幅精品被中央部委选中，悬挂于高端会堂。

第四节　解决问题，为高效扫除障碍

我曾出版《带着答案来找我》一书，书中就日常工作中如何发现问题、分析问题、解决问题进行了详细的阐述。

这些年，我给高校总裁班和MBA（工商管理硕士）学员授课较多。在给企业高管讲授企业管理与管理者素养提升课程时，我常会引导学员们探讨企业如何在解决问题中取得进步的话题。

我们工作的目的是为了达到目标。不管是达到什么样的目标，都会遇到这样那样的问题。大目标有大问题，小目标有小问题，没目标就成问题。因此可以说，我们的工作和人生，面对的就是一个又一个的问题，而工作的本意就是要解决达成"目标"道路上遇到的问题。

问题是柄双刃剑，如何看待问题，如何对待问题，取决于我们的心态。

方法正确才能解决问题

2017年8月底，我应邀给广西交通投资集团五百多位管理干部讲授《7S管理》课程，主办方安排一位分公司总经理去南宁机场接我。在车上，我们就如何看待企业在推行7S管理（即整理、整顿、清扫、清洁、素养、安全、节约）工作中遇到的问题，以及如何有效推行7S管理进行讨论，我分享了东莞市一家生产家电的企业推行7S管理功败垂成的案例。

一次，我给广东外语外贸大学MBA中心组织的企业家训练营授课。休息时，来自东莞市的企业家高先生与我交流，说起他们公司推行7S管理没有成效的问题。

高先生是一家电器公司董事长，公司生产空调、咖啡壶、手机等产品。这几年家电行业不景气，公司就想通过实施管理变革提高管理水平，完善内部管理。半年前，高先生与一家咨询机构签约推行管理变革，并将7S管理纳入了变革项目范围。7S管理推行一个月后，几乎看不到什么效果，于是高先生就提前终止了变革。我请高先生简单描述一下他们推行7S管理的过程。

高先生说："那家咨询公司主导推行7S管理时，头天晚上咨询公司老板给管理干部讲了一小时课程，第二天早上9：00，咨询公司负责人召集各部门经理开会，半个小时后就到现场检查，找到一些问题，要求相关部门整改。推行第一周，咨询公司组织两次检查，后来就不了了之了。"我告诉高先生，他们推行7S管理之所以没有效果，是因为运用的方法不对。

对企业来说，7S是很好的管理改善工具，对提高生产效率很有帮助。推行方法用对了，现场改善效果会非常明显。

高先生问："刘教授，按照您的经验，我们应该怎样推行才能得到好的效果？"我告诉他："其一，推行7S是一把手工程，一把手必须足够重视，严要求、多督导，推动才有力度；其二，推行7S要长期坚持，不是一阵风的形式主义；其三，7S的关键要素是素养，所以要解决人的问题，要通过宣传造势引起全员重视，让大家养成好的习惯。对制造业来说，7S推行效果好，能美化环境、提高效率、降低成本的作用，对员工、对企业都有好处。"

高先生的案例告诉我们，不论是做工作还是解决问题，都要找到正确的方法。

我在东风汽车集团讲课

我曾经应邀给东风汽车集团中高层管理干部讲授《生产效率提升与成本降低》课程。集团公司常务副总就"生产线如何提升效率与降低成本浪费"的话题和我进行详细探讨，并请我在培训课上给集团公司的管理干部讲解解决生产线效率低下问题的方法。

课程开始前，集团副总要求各分公司负责人在本次培训中做到"既要敢于面对问题，更要勇于解决问题"，并且提出三点以下要求：一是由各分公司总经理负责，用笔把本单位存在的与效率、成本相关联的问题写在白纸上，分公司总经理拿到主席台公示给大家；二是在听课过程中，根据讲师所讲技能、方法，把能解决的问题勾画掉或者标注出来，写出有效的解决方案；三是把自己解决不了的问题留下来，请授课讲师帮助思考解决方法。有了这样的要求，管理干部们带着任务和压力学习，听得非常认真。

在授课过程中，我就生产线存在的与生产效率、成本管理关联密切的问题，从几个方面给该公司管理干部进行分析，并要求学员从以下三个方面加强。

第一，要从思想上直面问题，不要被问题的难度吓倒。"问题像弹簧，你弱它就强。"当我们用正视的心态看待问题时，就会树立解决问题的信心。心态上直面问题，就不会造成过大的心理压力。

第二，提高自身修养，坦然面对工作中的问题。可以说，面对问题的心态，直接体现了我们的素养。遇到问题时，我们越是冷静，越有利于思考出解决问题的方案，从而便于快速解决问题。

第三，积极寻找解决问题的方法。当知晓了产生问题的原因，我们要积极寻找方法。

等到两天半的培训结束,各分公司参训人员全部按照要求将问题点打勾并写出密密麻麻的解决方案。

我们在日常工作中难免会出问题。任何问题的出现,都会影响工作效率和效果。所以,我们首先要有敢于面对问题的勇气,并且要快速思考解决方法并付诸行动,让问题尽快得到解决,从而减少因问题出现造成的损失。

掌握分析问题的技能

这些年出现了一个现象,就是越是发展势头好的企业,越是重视培训与管理提升。2017年年末,我在给广东外语外贸大学企业家联合会MBA研修班讲授《高效团队建设》课程时,仅深圳宝鹰集团参加的副总裁、总经理、总监就达17人之多,被推举为课程学习代表的是来自宝鹰集团的副总裁兼总经理陈贵涌先生。

课堂上,我引导学员们参与分析问题的过程。陈总带领学员们探索分析问题的方法,寻找解决问题的思路。在那次高效团队建设课程学习中,几十位学员提出了不同的分析问题的方法。

在企业中,任何问题的产生,都有根源存在,既有客观因素,也有主观原因;既存在宏观决策的问题,也不乏细节执行的困惑。只有找到根源,才能减少盲目性,切实从根本上。达到彻底解决问题的目的。

在广东外语外贸大学企业家联合会MBA研修班上,我从宏观、微观两个方面讲授了分析问题的技能。

第一,从宏观决策层面找原因(如图1-1所示)。

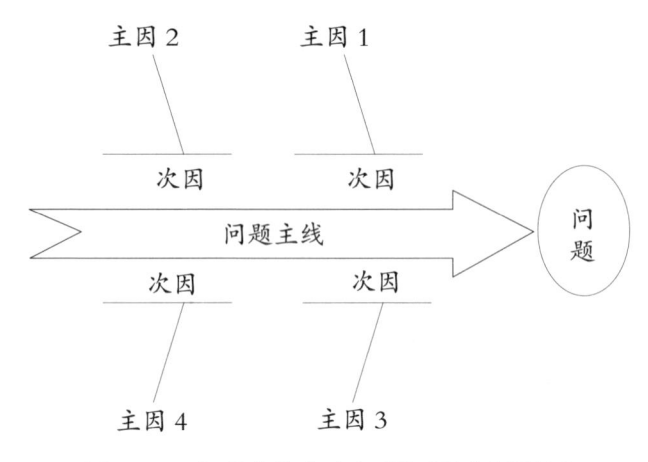

图1-1 宏观决策产生问题原因分析图例

图1-1中,箭头图形代表问题主线,指向问题;4条斜线指向的主因1、主因2、主因3、主因4,分别代表宏观决策中存在的若干主要原因;4条横线显示的4个次因则代表宏观决策中存在的若干次要原因。

第二,从微观执行找原因(如图1-2所示)。

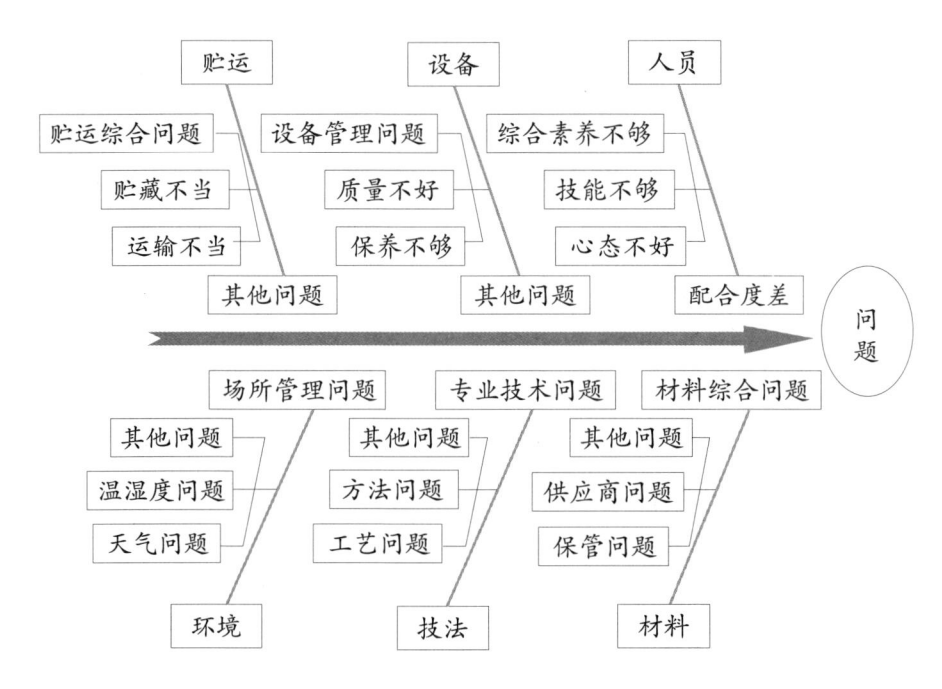

图1-2 执行细节产生问题原因分析图例

图1-2中，黑色箭头图形代表企业的问题；从黑色箭头放射出的6条黑色斜线，分别指向的"人员""设备""技法""材料""环境""贮运"6个大项，代表执行过程中存在的微观因素；小型方框内的若干小项，分别代表各个大项在运营过程中存在的导致问题发生的局部根源。

认真、彻底地解决问题

按照工作顺序来说，在找到问题根源后，接下来就是有针对性地定点解决问题了。

优秀的人才，在学习方面总是相似的。广东外语外贸大学企业家联合会MBA研修班几十位学员，对如何解决企业存在的问题很感兴趣。我因势利导，讲述了"递进式解决问题"的方法（如图1-3所示）。

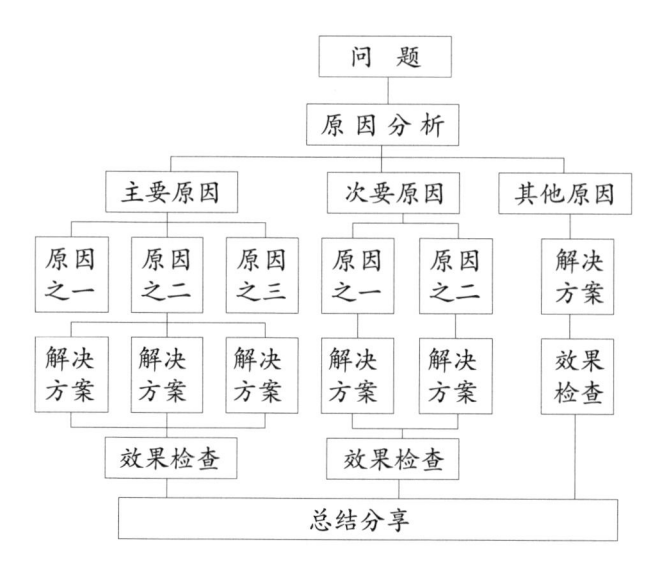

图1-3 递进式解决问题

结合图1-3，我向学员们详细解读了递进式解决问题的操作步骤。

第一步：先确定问题。

第二步：对已确定的问题进行原因分析，分别找出造成此问题的主要原因、次要原因、其他原因等。

第三步：分别对造成问题的原因（主要原因、次要原因、其他原因）进行详细分析，并找出"原因"里面存在的关键因素。

第四步：根据具体原因，制定切实可行的解决方案并导入实施。

第五步：对问题解决的效果进行查核。如查核的结果不理想，可根据需要重新制定解决方案，以期达到彻底解决的目的。

第六步：总结经验，并将结果（包括解决问题过程）向相关人员分享。

分享解决问题的经验

人们通常重视解决问题，轻视总结分享。

我经常告诉学员们，做好总结分享工作，对企业有以下四大好处。

其一，对参与解决问题的同事来说，学会总结分享，既能强化他们的系统性思考能力，又能提升他们的语言或文字表达能力。

其二，减少类似问题发生，将该问题给工作造成的困扰降到最低，同时降低工作成本。

其三，让相关人员了解此类问题的解决方式，有助于他们在工作中遇到类似问题时借鉴参考。

其四，养成解决问题的习惯。在日常工作中，要查找、解决一次问题，对任何人都不是难事，困难的是能把发现问题和主动解决问题内化为一种习惯。

第五节　删繁就简，轻装上阵才高效

广东外语外贸大学MBA中心主任王刚教授是供应链管理专家，在讲授供应链管理课程时，王教授重点强调"优化供给流程，缩短现金周转时间"等实施优势。

前不久，我和王教授联手一起注册了一家公司，对外承接企业供应链管理优化提升项目。之所以给公司取名"至简"，是因为"至简"符合供应链管理"以最低的成本、最快的速度满足客户的过程"的特点。道家说"大道至简"，其意是说大道理常常是极其简单的。正所谓"真传一句话，假传万卷书"。

删繁就简郑板桥

"扬州八怪"之一的郑板桥在中国书画史上留有浓墨重彩的印迹。他曾为自己的书斋题写了一副对联：删繁就简三秋树，领异标新二月花。

这副对仗工巧的对联，就是提醒自己在书画创作过程中要以最简练的笔墨表现最丰富的思想。郑板桥喜画竹子、兰花、松柏、竹石等题材，在绘画风格方面，常常是寥寥几笔，就能表现一个鲜明的主题，真正做到了删繁就简、领异标新。这和我们追求工作高效有异曲同工之妙。

小周的职场人生

小周，正值花样年华，其英文是大学六级水平。大学毕业后，她应聘进入东莞市一家英资贸易公司，负责业务跟单工作。

我受该公司人力资源部经理邓女士邀请，连续四周在每周一的早上给该公司职员授课。在我第三次讲课时，小周利用中场休息时间就如何提高跟单效率向我讨教方法，希望我能给她指点迷津。

我首先让小周介绍她的工作情况和困扰她的问题。于是，小周道出了她从事跟单工作的酸甜苦辣。

小周入职该公司刚满一年，在与客户、供应商打交道方面还不能完全做到得心应手。这些年，商品的产供销信息越来越透明化，制造商和销售商开始直接做生意，贸易商并不好做。

小周与供应商打交道时的沟通能力不足，工作方法也有待加强，跟单效果不太理想，上级不敢把重要客户交给她。正因为小周负责的客户下单数额小，她下单给工厂生产时，那些规模大、管理规范的工厂不愿配合，她只能下单给那些二三流的工厂。这些工厂大多在管理方面跟不上，个别工厂甚至是老板兼业务跟单。当然，也有的工厂因为她下单数额不大，不太愿意合作。一旦遇上供应商工厂订单爆满赶不过来时，小周下的订单就面临着延迟交货的尴尬局面。每遇这种情况，小周只能一边不厌其烦地和供应商沟通，一边无可奈何地向客户诉说苦衷，请求客户延迟交货时间。

我问小周："你现在面临的最大困扰是什么？"小周无可奈何地说："我做跟单一年来，几乎每个配合的工厂都累积了很多问题。我和他们沟通的效率越来越低了，现在已经拖了整个团队的后腿。"

我明白了，小周目前处在两难境地：一方面是工作压力非常大，另一方面是这家英资企业工资待遇好，她舍不得离职。

从小周描述的工作状况看，公司的行业特点给她造成了困扰。我以前在"贸易+工厂型"企业从事中高层管理工作多年，据我所知，珠江三角洲一带的贸易公司一般分为以下两种类型。

一种是纯贸易型，客户多为外商。这种类型的公司以供应商身份从客户那里接取订单，然后再将订单以较低价格分发给国内工厂生产，从中赚取差价。对客户来说，他们是供应商。而对工厂来说，他们又以客户自居，工厂成了他们的供应商。

另一种是"贸易+工厂型"企业，也称为"小工厂大贸易"。这种类型的公司，基本上都会把工厂管理得很规范，给客户留下良好的印象。在接订单时，让客户以为他们是在自己的工厂生产。客户算不出他们工厂的产能，又对他们工厂很放心，所以就把大量订单给他们。订单拿到后，公司再根据情况寻找相应的工厂作为自己的供货商。他们以高价接订单，低价分给其他工厂，从中赚取差额。

不管是"纯贸易型"还是"贸易+工厂型"，都是利用信息不透明赚取差价。小周所在的公司，属于第一种类型。

为了帮助小周扭转被动的工作局面，我给她提出以下几点建议。

第一，将工作内容条理化。

由于工作的问题累积太多、太久，小周已经分不清自己要先做什么、哪些是真正的工作重点。此时需要把所有要完成的工作任务，一一罗列出来，然后把每张订单的交期、客户要求、供应商存在问题等逐项细化描述。

做到条理化，才好按照重要性和时间顺序安排工作，解决订单积压问题。

第二，合并同类项，归类排序。

也就是说对罗列出的工作问题进行细致的斟酌、思考，根据情况对相同或相近的工作问题进行客观归类、合并，找出哪些事项是最重要的、哪些事项是最紧急的、哪些事项是重要但并不紧急的、哪些事项是既不重要也不紧急的。

在归类、合并工作问题时，我们可以借助四象限原理，把所有的工作任务或问题按照"重要、紧急、不重要、不紧急"四项标准进行分类（如图1-4所示）。

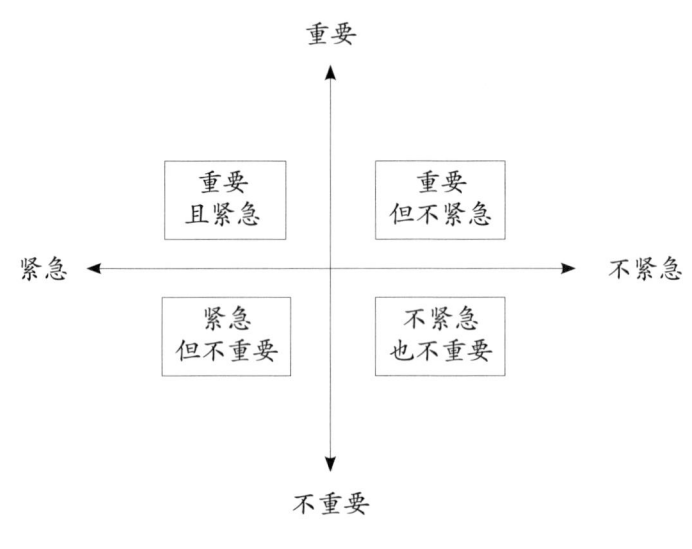

图1-4 四象限图

小周将归类、合并后的工作问题，按照排序，分别填写在四象限图的相应位置。做好这一步，每天工作的重点和时间安排就非常清晰了。

第三，删繁就简，提高工作效率。

我告诉小周，做到上面的要求后，还要学会删繁就简，把自己从冗繁的事务中解放出来。

小周略显疑惑地问："我明白删繁就简的道理，但不知道具体要怎样操作。"

于是我以小周在工作中存在的问题为例，我告诉她有效的解决方法如下。

其一，先把供应商一个一个独立起来，并把每个供应商的问题按照四象限图要求列出来，从"既重要又紧急"开始，依次排好序。

其二，给供应商的老板打电话时要注意方法和时间点，说事情要言简意赅，一次只说一个问题，既不要让对方觉得你是纠缠他的"问题包"，也尽量争取把问题解决掉，但不要渴求一次解决很多问题。

我把解决方法说完后，小周豁然开朗起来。

第六节　认真工作，高效需要责任心

世界上就怕"认真"二字。我们在日常工作中，对"认真"这个词语的理解比较表象、肤浅。其实，"认真"的含意不仅仅只是指工作态度，更有深层次的内涵。"认真"是由"认"和"真"组合在一起的。"认"，就是要认清是非，弄清楚事情的来龙去脉；"真"，就是真知灼见，对问题要有正确而透彻的见解。

我写新闻稿侧记

26年前，我在政府机关上班时，兼管新闻宣传工作，常在《人民日报》《河南日报》《周口日报》等中央和省市新闻媒体上发表新闻稿。

有一次，我采写一篇农副产品深加工的稿子，寄给了《周口日报》编辑部。主编觉得那篇稿子的选题很有新闻价值，但又觉得我写的内容太简练，对主题剖析得不够透彻。于是，主编打电话给我，请我重新采写，充实内容。当时因急于求成，我又匆匆地改写了一遍就发给主编了，结果被要求推倒重写。

我们在日常工作中，常常会犯类似的错误。我们接受一项任务或要解决一个问题时，往往还没有吃透其中的要领，没真正了解领导的要求、问题的实质，为了赶时间，就匆忙开始工作了。结果造成工作任务完成或问题解决的效果不够理想，甚至毫无效率可言。

听了报社主编的点拨，我认识到了自己的问题，开始重新筹划新闻稿的采写。在正式动笔之前，我先大量查阅当时中央、河南省委和周口当地有关农村工作和农村经济改革的政策文章，从理论方面升华自己。接下来，我对文章标题进行调整，并且重组文章结构，补充采访内容。

准备工作做扎实后，我按照主编提出的观点和见解，很快写出了一篇既有价值又有力度的新闻稿，并及时与主编电话沟通。得到主编首肯后，我将稿件寄给《周口日报》编辑部，他们很快就将此稿在要闻版全文刊登出来。

这件事情给我的启发是，做工作既要注重时间节点，更要注重实际效果，因为效果是效率的价值体现。

少些浮躁，认真对待工作

工作中出现的急于求成心态，既是心理浮躁的体现，也是高效工作的天敌。相反，稳扎稳打则是高效工作的重要组成部分，也是我们认真对待工作的客观体现。

以我寄给《周口日报》那篇新闻稿为例，如果我当时不是抱着急于求成的心态，在采写时更认真一些，先把政策吃透，再深入采访，并且经过认真思考后才动笔，可能就不会出现主编让我将稿件推倒重写的问题，既不占用主编的宝贵时间，也不给自己造成返工重写的困惑。

要从小处着手，更要从大处着眼

我们在日常工作中，常常会遇到"局部利益服从全局"的问题。一件事情，某个岗位的职员本来已经做好了，结果站在团队或全局的角度一衡量，觉得工作结果有失偏颇，需要更换角度重新评估，以致造成为做这件事情投入的时间、精力、物力等付之东流。遇到类似情况时，我们要把眼光放远一点，尽量避免出现返工重做的尴尬现象。

我以前在外资企业任职高管时，常和其他管理干部分享一个理念：如果我们在日常工作中能将上级的方针政策和自己的操作方法相结合，将长远眼光和眼前利益相结合，我们个人的岗位工作就顺畅，企业实现高效率高业绩就有良好的基础。

邓稼先的认真负责精神

态度决定工作的行为和状态，而行为和状态决定的是工作效果和终极价值。不管我们在哪个岗位工作，想取得一定成就，就要有对工作认真负责的态度。

在现实中，在接到上级交给的一项任务时，会有人不分白天黑夜地赶工，总想尽快完成任务向领导交差，却因为个别细节不慎，造成失误。如果对这些失误掉以轻心，将其掩盖过去，匆忙向领导交差，看起来工作效率很高，而一旦发现问题重新返工，工作困难度可能会比当初摁一下暂停键清除失误后再继续进行的损失更大。所以，以上工作的所谓"高效"并不代表结果就一定很好。

只有敢于对自己的工作结果负责，才能让自己的工作立意高远，高质高效。让我们来看看被国人尊称为"原子弹之父"的邓稼先是如何对待工作的！

在我国原子弹研发成功进入组装阶段时，由于组装人员一时不慎，将一颗极小的螺丝钉落在了弹体里。不少人认为这颗体积极小的螺丝钉对原子弹实验不会构成威胁，而主导原子弹研发的邓稼先坚决要求拆开已经组装到一定程度的原子弹，认真翻捡出那颗螺丝钉。

为什么要这样做？因为邓稼先清楚，原子弹是一个结构极其精密、杀伤威力极其强大的武器，任何微小杂物混入，都可能会造成原子弹爆炸失败的严重后果。正是邓老和同事们这种认真负责的工作态度使得原子弹爆炸成功得到最可靠的保障。这样可靠的保障，既是效率的体现，更是价值的彰显。

邓稼先的事例给予我们以下三点启示。

第一，越是重要的工作，越要认真对待。

中国研发原子弹仅用了不到美国研发原子弹三分之二的时间，原子弹专家和工作人员的高效工作自然值得大力颂扬，但如果因为那颗小螺丝钉导致爆炸试验失败或发生事故，不仅会将原子弹爆炸成功的试验时间延长，还会给国家造成巨大的政治和经济损失，影响我国在国际社会的地位。正是邓稼先团队的认真负责精神，让我国的原子弹爆炸取得成功。

第二，一些重大问题，常常来自细节松懈或工作不慎。

千里之堤，毁于蚁穴。如果工作不认真，很可能会在一些微不足道的环节引发严重事故，让高效工作失去意义。

第三，高效工作需要认真负责的精神作为保障。

邓稼先和他的团队正是深刻理解了我国自行研制原子弹的重大意义，所以才有如此执着的认真精神和身体力行的作为。

认真和高效，是不能分开的孪生兄弟。细心观察，我们会发现一个规律：工作高效的人，都具备认真的特质；认真负责的人，都能高质高效地做好工作。

第七节　不忘初心，将高效进行到底

在中国共产党第十九次全国代表大会开幕式上，习近平总书记特别强调："不忘初心，方得始终。中国共产党人的初心和使命，就是为中国人民谋幸福，为中华民族谋复兴。这个初心和使命是激励中国共产党人不断前进的根本动力。"

我们做具体工作如果忘了初心，就会偏离方向，就会有头无尾，就不能善始善终，要实现高效率好业绩就是空话。

黄旭华院士的初心

2018年春节期间，网络上忽然有一个帖子引发众网友热议。网友们对帖子中使用的侮辱之词十分愤慨，对发帖人的不良居心和过激言辞进行了严厉批驳。

那是一个被律师协会吊销律师执业执照的无照律师，为了提高知名度故意炒作自己而炮制的一篇文章。文章中被侮辱谩骂的，竟然是被誉为"中国核潜艇之父"的黄旭华院士。恶意炮制者，自然是受到有关部门的惩治和网友的口诛笔伐。这里要说的，是让我们引以为傲并深深敬爱的黄旭华院士。

现已94岁高龄的黄老，因在核潜艇研制方面做出的杰出贡献，获得了极大殊荣和国人的尊崇。在2017年11月17日召开的全国精神文明建设表彰大会闭幕式上，被评选为全国道德模范的黄旭华院士和其他代表一起与中央领导人合影时，习总书记拉住站在代表中间的黄老的手，邀请他坐在自己身边。这是对黄院士为祖国的核潜艇事业做出杰出贡献的高度认可。

2017年12月15日，解放军报以《隐姓埋名三十年，潜心为国铸重器》为标题，介绍了黄老的英雄事迹。黄院士能在核潜艇研制方面取得如此卓越的成就，和他不忘初心，坚持将核潜艇研制事业高效进行到底的决心和毅力是分不开的。

高效，要有明确目标

1958年，国防科学技术委员会刚成立，聂荣臻元帅就向中央呈报了关于研制导弹核潜艇的报告。时年32岁的黄旭华，作为首批29名团队成员之一，开始了他的工作目标——核潜艇研制。

可以说，黄老和他们的团队，工作目标非常清晰、明确——建造中国自己的核潜艇。

高效，需要脚踏实地

在工作中实现高效率、好业绩，脚踏实地的工作作风非常重要。不论你做什么工作，只要坚持脚踏实地，把基础打牢了，再循序渐进，工作效果就会显而易见。

让我们看看黄老是怎样做的。

据黄老回忆，远在20世纪中叶，党和国家领导人就有了强烈的制造国产核潜艇的梦想。让人无奈的是，我国那时候的尖端技术基础十分薄弱，有心而无力，只能寄希望于苏联老大哥对我们进行技术援助。当毛主席向时任苏联领导人赫鲁晓夫提出请求时，却被其以"核潜艇技术复杂，要求高、花钱多，你们没有水平也没有能力来研制"

为由,傲慢地拒绝了。

当时的国际形势非常复杂。没有核潜艇,中国在国际上就没有话语权,就会低人一等。毛主席慷慨激昂地说:"核潜艇,我们一万年也要搞出来!"于是,中国最高领导层做出决定,不靠外援,走独立自主、自力更生的道路,自己研制核潜艇。黄旭华和同事们受命后,在物质、知识、技术、设备都一穷二白的窘境下,抱着坚定的信念和脚踏实地的作风,将核潜艇研制工作一步步向前推进。

著名词作家阎肃老师为黄院士写的词是:试问大海碧波,何谓以身许国?青丝化作白发,依旧铁马冰河。磊落平生无限爱,尽付无言高歌。

在日常工作中,大部分人从事的岗位都缺乏优越的条件,所以,脚踏实地的作风是高效工作必不可少的因素。

高效,需要锲而不舍

山东聊城画院院长宋广玉老师是我的朋友。宋老师与绘画艺术结缘四十余年,艺术造诣颇深。在聊起他的艺术成就时,宋老师慷慨激昂地说:"当你在事业追求的道路上选择了开始,就不要轻言放弃,要用你足够的毅力和耐心去坚持。总有一天,你会回眸一笑——原来我这么优秀!"

对于创业的年轻人来说,没有多少捷径。大部分取得成功的创业者,其实更多靠的是锲而不舍的执着劲儿。让我们来看看核潜艇研制团队是如何在坚持中一步步走向辉煌的。

我国的核潜艇从确定立项到第一艘核潜艇下水,前后历经 12 年。在此期间,靠着报效祖国的一腔热血和对核潜艇事业的执着劲儿,黄老和同事们将核潜艇研制步步推进,正是这种锲而不舍的精神,才使他们在核潜艇设计工作中突破一个个瓶颈，克服一个个困难，让我国在核潜艇领域傲视群雄。

高效，需要借船过河

《三国演义》中有个"草船借箭"的故事，让我们感受到诸葛亮很有智慧。其实，这样的智慧不只可以运用在军事方面，只要你动脑筋学会变通，也能将其运用在工作中，为提高效率和业绩加码。

在日常工作中，我们要提高效率，也要学会"借别人之力，成就自己业绩"。荀子在《劝学》中写道："假舆马者，非利足也，而致千里；假舟楫者，非能水也，而绝江河；君子生非异也，善假于物也。"

无可奈何的副总经理

10年前，我在广东一家集团公司主导企业管理变革项目，该集团有一个分公司设在集团总部，分公司总经理由董事长担任，实际负责人是刚入职半年的副总经理。

我就职的咨询机构入驻该集团一周左右，那位副总向我抱怨说他的压力太大，非常辛苦。我问他管多少人，他回答的是该分公司的总人数，差不多420人。我再问他直接管的是多少人，他煞有介事地回答："就是420人！"按理说，他的话没有大毛病。既然是集团领导让他负责分公司，总经理又授权给他，该单位所有人都在他管辖范围内。其实，略有管理常识者都知道，我问的意思是按照组织架构，他直接下属有多少人。

该副总抱怨工作辛苦，是实际情况。在入驻该集团公司管理变革项目时，董事长就谈起过该副总的情况，给予的评价是：任劳任怨、认真负责的精神可嘉，但管理能力不足。

原来该副总是技术出身，在入职该集团公司前，是原来单位的品质部经理，后因压力太大辞职。时值该集团扩张招聘，他就应聘到现在的职位。从工作职能来说，管理职能和技术职能有较大不同。我给深圳地铁集团讲授《从技术人才到优秀管理者》课程时，专门提出：技术职能强调专业，管理职能强调团队。该副总的问题就是"用技术职能做高管"。他负责的分公司是工厂，不管哪个车间、哪个岗位出了问题，只要他得知，准会在第一时间跑去现场解决。这原本是好事，但他解决现场问题，并不通知直接负责该现场的管理人员。现场员工知道副总权力大，能调动资源多，有问题能很快解决，所以养成了"遇到问题就找副总"的怪现象。车间出的问题，常常是副总跑去解决了，经理、主管都在忙别的事情，不知道自己负责的单位出问题。弄得经理、主管都有被"架空"的感觉，对副总的意见越来越大。

董事长对该副总任劳任怨的态度很赏识，又对其管理能力不满，就请咨询机构介入培养他。我利用该副总抱怨的机会，向他说明借力管理的方法和重要性，让他学会按照组织架构分层管理，各司其职，让下面的干部成长。

在给高校MBA学员授课时，我常会对那些已经成为高管或即将成为高管的学员强调：高层管理者如果对基层的工作事事亲力亲为，结果常常弊大于利。所谓利表现在：高管对基层现状了如指掌；有利于解决即发性问题。所谓弊表现在：耗用高管的精力、时间多，影响其做好本职工作；剥夺了中层、基层干部成长的机会，他们成长慢，企业出现问题就多，形成恶性循环；造成上下级之间的不信任和骨干人员的流失。

优秀的高管，平时应多多关注企业状况，同时不要过多插手下属干部的工作。只有在特殊情况下，才可越级管理基层事务。

让我们看看"中国核潜艇之父"黄旭华院士怎样借力的。

当时，关于核潜艇研制的资料非常贫乏。黄旭华和同事们为了少走弯路，加快核潜艇研制步伐，很想找些资料、数据借鉴一下。

就在这时，他们听说有人从国外带回来两个核潜艇儿童玩具模型。于是，他们想办法拿到了那两个模型玩具。他们对模型玩具细心拆解，从外观到内部结构——认真对照，结果发现那两个模型玩具在结构方面和他们正在构思的核潜艇图纸基本一样，这说明他们的思路是对的，大家非常兴奋。

我们仔细观察身边的高效能人士，他们基本上都有"借力"的经历和智慧。

高效，树立不等不靠思想

追求工作效率和效果的人，对待工作都有不等不靠的积极态度。

黄旭华和从事核潜艇研制的同事们，在各种条件欠缺，工具、仪器落后时，积极想办法，让设计工作有效展开。设计核潜艇需要计算大量的数据，没有计算机和测量仪，他们就用计算尺量尺寸，用算盘计算数据。为了快速拿出设计成果，黄旭华常常引用毛主席《满江红·和郭沫若同志》中的经典名句"一万年太久，只争朝夕"激励自己和同事们。

中国第一艘核潜艇，就是在基础条件如此落后的境况下制造出来的。

高效，关键点要斤斤计较

对工作中的关键环节、重要节点持斤斤计较的态度，让工作少出问题，在顺畅中实现高效，也是追求高效工作的人士必须加强的职业素养之一。

我们来看看黄旭华是怎样做的。

核潜艇对稳定性的要求特别高，太重了容易下沉，太轻了沉不下去，重心斜了容易侧翻，所以每一个零部件的规格都要精确计算。

黄老回忆说："核潜艇上的设备使用的零部件、线管太多了，数以万计，我们要求每一个零件（哪怕是最小的）都要严格过秤。在称重时，每一个都要斤斤计较。最终，我们达到了数千吨的核潜艇在下水后试潜、定重测试值与设计毫无二致。"

第八节 勤于思考，多为高效找方法

李世民与突厥之战

唐朝初建时，东突厥屡犯中原，成大唐之患。高祖李渊召集君臣朝议。有人认为东突厥眼馋都城长安之富庶，建议迁都并火烧长安。在此人看来，东突厥看到都城长安化为灰烬，必不再犯唐。高祖李渊此时年迈，斗志渐失，就想接受迁都避战之说。秦王李世民文武兼修、洞察秋毫。他认为此建议非常幼稚，坚决反对，并自请出战平定东突厥。高祖也觉得有道理，当庭允准。李世民领命，待机迎敌。

东突厥两个可汗举全国之兵攻击关中。李渊命李世民和其弟李元吉出兵迎敌。唐军见东突厥如虎狼般的大军，非常害怕，李元吉更是惊惧不敢出战。李世民见弟弟怯阵，知道自己身单力薄，面对东突厥强悍的兵力，硬战必然吃亏。他思忖：目前状况，要取胜，须以智斗敌。

久经沙场、有勇有谋的李世民，仅带一百名骑兵走向颉利可汗阵前。颉利可汗知道李世民有勇有谋，见他仅带一百骑兵前来挑战，恐其有诈。李世民又来到突利可汗阵前，突利可汗猜不透李世民用意，也和颉利可汗一样默不作声。李世民带一百骑兵再度向前。这时，颉利可汗见李世民这般大胆前进，又听不到李世民刚才对突利说的话，便怀疑李世民与突利可汗暗中勾结。于是，他便下令让军队后退，暂缓进攻。

此时天正下雨，唐军粮草供应受阻，士兵斗志消沉。而将士们见李世民不战而退敌兵，军心大振。后来雨势渐大，连下几天。东突厥士兵以射箭攻击为主，弓箭受湿气影响无法使用，对他们很不利。李世民见时机成熟，在夜雨中挥军进击，东突厥士兵大惊，被打得四处逃窜。而李世民并没有继续追击，而是派人向突利可汗晓以利害，握手言和。大唐面临的危机，就这样被化解了。

这个故事带给我们两个启示。

第一，好方法是高效工作的指引。

我常常告诉企业管理干部，在提高工作效率和解决问题方面，找对方法、确定方向比快速行动更重要。方法不正确，方向不对的话，行动越快问题越严重。

李世民身经百战，深知好方法对解决打仗问题的意义。所以，在面对敌强我弱的不利局面时，他能积极寻找有利于唐军取胜的方法，促成唐军在战事方面的巨大胜利。应该说，在完成"打仗任务"这项工作上，李世民的方法是非常高效的。这个高效，既不是来自盔明甲亮、枪多刀利的硬件武器，也不是人强马壮、兵多将勇的军队士气，最重要的是找到了正确的破敌方法，最后达到高效完成破敌任务的目的。

第二，高效，需要冷静思考。

如果说思考问题需要智商的话，冷静思考问题则是情商在起作用。

以李世民兄弟为例。在智商方面，李世民可能并不比李元吉聪明；但在情商方面，二人相差甚远。我们先看李世民。他是身经百战的将军，对战争场面经多见广，所以，在骁勇剽悍的东突厥大军面前能保持镇静。再看李元吉。虽然他也学了一身武艺，但他是在温室长大，缺少战场历练。所以，当看到剽悍、威猛的东突厥大军时，恐惧感油然而生，心理防线崩溃了，大脑中装满了恐惧，智商也就降到了冰点。

在工作顺风顺水时，情商高或低并不重要。当工作遇到困扰时，情商的重要性就突显出来了。让我们来看看二者的区别在哪里。

情商低的人，一旦工作不顺利，表现出的常常是怨天尤人、牢骚满腹，工作热情急遽下降，出现工作停顿甚至放弃的窘况。

情商高的人则不然，每当遇到问题时，会冷静对待、认真思考，积极寻找解决方法。

我与网商没有结局的合作

机不可失，时不再来。时机，常常决定一场战争的胜负。李世民抓住时机，扭转了战争的不利局面，创造了高效率好业绩的良好局势。我们在工作中，有时候也需要把握时机。

北京有一家网络科技公司，在网络销售方面，起步早于现在几家最著名的网商。该公司董事长曾在人民日报社工作，在营销策划方面累积颇深。2008年时，该董事长和我签订长篇小说创作协议，拟将他们公司发展的曲折历程，运用文学手法加工处理，创作一部30万字的商战长篇小说，书名就用该公司的名字（该公司名字很适合作为书名）。该公司负责出版事宜，在全国新华书店和机场、高铁书店铺货销售，以此提升该公司知名度。我们约定，该公司董事长负责提供故事素材，由我主笔创作。在作者署名和版权方面，确定该董事长作为第一著作人，我为第二著作人。版权归该公司所有，他们按照约定付给我稿费。按照该公司的营销策划，长篇小说出版发行后，紧接着就着手创作一部30集商战题材电视连续剧，由我操刀，根据长篇小说改编剧本。电视剧拍摄完成后，在全国三百多个三四线城市地方电视台播放，将该公司品牌和销售的商品推广到全国各地，达到家喻户晓的宣传效果。

在位于北京北四环的该公司总部，我们举行了简单的签约仪式。我返回广东后，长篇小说创作开始了，三个月后初稿完成，得到该公司董事长认可。该董事长请我做好修改校对准备，并思考电视剧本改编的框架。我稍事休息，准备等对方董事会对书稿审议通过后，就着手出版前的修改校对工作。

没想到在等待过程中出了状况。后来得知是该公司的资金链出了问题。

原来，该公司在网络销售和终端机研发方面投入了大量资金，市场拓展虽然有效果，但与投入不成正比。2008年前后，网络购物环境还不成熟。因为喜欢在网上购物的是以"80后""90后"为主的年轻人，那时候，那一代还太年轻，经济收入少，购物能力有限。再加上那时管理不规范，人们对网络购物存在恐惧心理，所以网络公司的业务增长不理想。前期筹备的资金用完了，后来的融资不顺利，以致出现资金链断裂。我和该公司的合作就此停滞下来。

过了大约一年半，该公司董事长在QQ上与我联系，说是有一位山西的煤老板要给他们公司注资1.5亿元，首期款5500万元很快就会到账。他还告诉我，首期款一到账，就将我创作长篇小说的所欠稿酬打到我账户，让我做好修改校对准备。谁知那位煤老板后来爽约了，该公司融资失败。

说句实在话，论经营头脑，那家网络科技公司的董事长一点儿也不比马云差。2006年前，他经营的商贸活动，就在印度、斯里兰卡等国家取得很大成功。之所以在中国投资网络运营遭遇挫折，主要是投资时机没有把握好。

一将功成万骨枯！一个新的商业趋势到来时，如果进入太早，趋势尚不明显，你就要在宣传趋势方面投入很多，让大家认知趋势。如果你的财力有限，很可能会在市场成熟之前，造成资金衔接不上。一旦资金链出了问题，你很可能会成为别人成功的铺路石。

一个智慧的人，要懂得把握准确时机。

第九节　与上同频，让高效不走弯路

《孙子兵法·谋攻篇》中有一句：上下同欲者胜。意思是军队作战时，将帅一心，是取得胜利的重要条件。企业管理又何尝不是这样呢？

姚老板如是说

有一次，我在广州市讲公开课《生产效率提升与成本降低》。中午时，经营工厂的姚老板在饭桌上对我说："刘老师，我的工厂扩大规模需要补充干部，您常年在外面讲课，人脉很广，我想请您帮我物色一些干部人选。"我问他为什么不在工厂内部提拔？姚总摇摇头说："不瞒您说，我对我工厂里的很多干部不满意，他们没办法跟上我的思路和观念，所以我只能从外面请人来管理。"

不止是他，在我给总裁班讲课时，也有不少老板和高管抱怨下面的人对自己的想法、观点不能正确理解，以致造成不少工作指令在执行时出现偏差，影响工作进度。

我认为造成这种情况的原因主要有两个方面：一是高管平时和部属沟通少，花在培养部属上的时间不够，造成上下级之间的差距加大；二是基层干部在自我提升方面不主动，人为加大了上下级之间的能力距离。

站在企业发展的角度来看，姚老板的思路弊多利少。于是，我给他讲了一个故事。

古时候有个实力弱小的国家，经常受邻国欺负，国王想结束这种局面，就请大臣一起商讨强国之策。有大臣提出从邻国挖人才帮助国家繁荣富强。一个谋士则提出不同观点，国王问其故，他说，那些人才在成名之前也都在市井之中，现在知名度高了，身价也很高，把他们挖过来很难伺候。万一他们中途走人，留下的烂摊子我们没法收拾。国王问他有什么办法，他建议自己培养。国王采纳了谋士的建议，广纳贤才自己培养，果然得到一批贤达志士，实现了国家富强的愿望。

姚老板点点头说："刘老师，我知道您的意思了。我们也要自己培养干部。"培训课堂上讲授管理干部能力提升时，我着重强调了以下两个方面。

企业职员需要与上同频

兵法说：知己知彼，百战不殆。下属能与上司同频，就能正确理解上司意图，准确解码上司交办的工作任务。

那么，怎样做才能与上级同频呢？我在讲授《高效工作技巧》课程时，特别强调了与上司同频的两个要点。

第一，把上司意图摸清楚。

要与上司同频，首先要摸清上司意图，分析研究上司安排的工作任务，明确上司要求什么、强调什么、期望什么、是什么标准、红线（禁区）在哪里，然后分析自己要做什么、会做什么、能做什么、哪些条件可以利用、哪些禁区绝对不能碰，最后确定做事的方法和步骤。

只有这样，才能既保证自己高效，又与团队整体工作保持一致。

第二，找准努力方向。

南辕北辙的故事告诉我们，一个人如果不把方向搞清楚，不管如何努力，结果都不会理想。

让自己不断进步

海尔集团董事局主席张瑞敏说：如果你或你的部门没有了上升的空间，也将失去生存的空间。

当今社会，不论是在职场还是自己创业，我们都应该记住：成长是永恒的命题。有的人追求进步，在工作中主动成长，获得了职场进步和事业有成的双丰收；另有一些人却因不愿成长而失去了一个又一个进步的机会，在被成长抛弃的同时，职场生涯也蒙上了厚重的阴影，最后的结果是和成功永远道别。所以，越来越多的创业者和职场人士认识到成长的重要性，都采取措施让自己在工作中不断进步。

第二章　自我OJT：高效率密码

这些年，企业经营的外部环境变化越来越快，不确定因素越来越多，经营压力也越来越大。

为了应对变幻莫测的外部环境，加速自身发展，国内企业在内部管理方面，不断加速标准化、科学化、精细化管理进程。因此，企业对员工素养提升越来越重视，"OJT"和"自我OJT"概念在企业干部中已经广为人知。

世上万物，皆有一定之规。我们在创业时或在工作中，要实现高效率好业绩，也要寻找高效工作的秘诀——自我OJT。

那么，我们应该怎样理解自我OJT的理念？企业在内部应该怎样倡导自我OJT呢？

在本章中，我们重点探讨工作高效的自我OJT实施、企业管理中的OJT概念、创业者实施自我OJT的运作方法。

第一节　岗位OJT，效率提升有利器

一次，我在珠海市讲《干部素养提升》公开课，课间休息时，一位学员问什么是自我OJT。该学员是一家企业的储备干部，很有上进心，想快速提升自己。按他的说法，公司安排的培训课程少，不能满

足学习要求，他想自己学习成长。我很欣赏爱学习、知上进的学员。为了能让他快速听明白，我给他解说了以下几个问题。

什么是OJT

这些年，面对激烈的市场竞争，企业管理者越来越认识到员工职业技能和素养的重要性，于是采用不同形式对在职人员进行培训。

OJT（On the Job Training）通常指的是单位组织的对职员进行的岗位技能、专业知识、应用技术的培训和练习。OJT形式多种多样，既有上级对下级、老员工对新员工进行的岗位技能训练，也有人力资源部门组织的针对企业制度、规范、企业文化等的意识培养。所有的训练、教导形式，旨在从不同角度强化提升职员的素养，为企业高效运营、快速发展打下基础。

什么是自我OJT

自我OJT，指的是需要提升的职员采用自动自发充电学习的方式，做好自我提升。相对OJT来说，这种"不靠领导、不等上级"的自我提升方式，成本低、效率高、针对性强，效果也更好一些。

王文良在《北大毕业等于零》一书中写下了这样的话："不论你拥有什么样的金字招牌、水晶招牌、钻石招牌，如果没有从零做起的心态，没有认真学习、努力工作的精神，北大毕业就真的等于零……"

刘媛媛的自我OJT故事

前几年，网络上一个点击率很高的帖子引起网友们大量转发分享，被网友热议的文中的主人公是北大毕业的刘媛媛。在电视节目《超级演说家》上，著名主持人陈鲁豫、乐嘉、李咏和著名演员陈建斌,都对夺得超级演说家大赛总冠军的刘媛媛给予了特别高的评价。但真正让刘媛媛快速走红的,是她人生的三次逆袭。而那三次逆袭,无一不是自我OJT的结果。

刘媛媛第一次逆袭,是在读高中时,从年级倒数逆袭成为年级第一。为了逆袭成功,刘媛媛在复习、学习、寻找更好的记忆方法等方面,花费许多时间、精力,结果成功逆袭。

刘媛媛第二次逆袭,是从对外经济贸易大学毕业,成功考上北大的研究生。刘媛媛第一次逆袭成功后,就在为考北大做准备。结果因为高考时发挥失常,没能如愿。从对外经贸大学毕业时,她再次制订并实施自我OJT计划。这一次,她以比北大研究生录取分数线高出很多的好成绩完成逆袭计划。

刘媛媛第三次逆袭,是参加《超级演说家》栏目大赛,从不懂演讲技巧逆袭为大赛总冠军。为了这次逆袭成功,刘媛媛恶补演讲知识,寻找多种场合历练,最终达到"摘取大赛总冠军"目标。

可以说,刘媛媛的三次逆袭,都是自我OJT起了关键作用。

我在讲授《职业素养提升》课程时,和学员分享了我对此事的观点。不管你是自己创业的老板还是在企业就职的员工、管理干部,每一个人都要克服等、靠的思想。尤其对在职场打拼的员工和管理干部来说,要让自己快速成长,就要克服"等领导、靠上级"对自己进行OJT的被动心态。大家都要对自己的技能提升和素养进步负责。

当你发现学习和提升技能的机会时,最好是能拿出主动、认真学习的劲头,随时随地学习,把每一次学习都看成是职业成长的机会。

孔子曰:"三人行,必有我师焉。择其善者而从之,其不善者而改之。"在社会竞争日趋激烈的时代,我们要积极抓住任何一个学习机会,不断累积知识、经验,不断提升技能、开启智慧,才能逐步达到学习和提升的目的。这种自动自发学习，主动寻找进步机会，不断培养自己技能、素养和提升办事效率、能力的过程，就是自我OJT的过程。

爱迪生的自我OJT传说

在众多的成功者中，享誉世界的大发明家爱迪生就是一个善于进行自我OJT的人。因此，尽管他的学历很低，却能创造出让许多高学历的人望尘莫及的伟绩。他的发明虽然还不能说是"绝后"，但已经是"空前"了。

让我们来看善于自我OJT的爱迪生与他的助手——从世界著名学府毕业的高才生阿普顿之间发生的故事。

阿普顿是美国普林斯顿大学的高才生，理论水平很高。虽然他给爱迪生当助手，但却从骨子里轻视只读过小学的爱迪生。爱迪生知道阿普顿瞧不起自己，也没放在心上。相反，他知道阿普顿理论基础非常优秀，就不耻下问，抓住很多机会学习阿普顿的优势，用来弥补自己理论方面的不足。这就是自我OJT的至高境界。这样的自我OJT，让爱迪生在阿普顿身上学到不少在发明领域很有用的东西，从而快速提升了自己的综合能力，加快了发明的步伐和事业的成功。

与爱迪生如饥似渴的自我OJT心态相反，阿普顿虽然是名牌大学的高才生，却自恃才高、目空一切，不太善于从发明领域经验丰富的爱迪生那里进行自我OJT，所以尽管在工作上和爱迪生长期接触，爱迪生作为著名发明家的诸多优势他却没学到多少。等到后来意识到这些时，阿普顿耸着肩膀，不断发出"遗憾"的感慨。

在发明灯泡的那段时间，爱迪生的团队非常辛苦。有一次，爱迪生让阿普顿测算一个梨形灯泡的体积，阿普顿觉得这对自己是小菜一碟，随口就答应下来。结果在实际测算时，这个看起来普普通通的小灯泡，让阿普顿烧掉了很多脑细胞。这个形状像梨子一样的小家伙，它的体积测算一点儿也不简单。阿普顿用皮尺对梨形灯泡左量右算，花了三个多小时，弄得满头大汗，演算的稿纸写了几大张，但结果还是不够准确。

爱迪生等了很久，不见阿普顿送测算结果，只得自己去取。结果让他大跌眼镜，名牌大学毕业的阿普顿尽管满头大汗，耗费了三个多小时的时间，居然还没有拿出来准确的数据。爱迪生知道阿普顿走入了传统理论计算的误区，就想给他一些启发，让他认识到自身的不足。于是，爱迪生拿过一个中号的玻璃量杯，在里面装了半杯水，告诉阿普顿："你把那只灯泡完全放进量杯的水里，看水在量杯里的刻度是多少，然后把这个数值减去原来水的刻度，就得出灯泡的体积数据了。"

阿普顿采用爱迪生的方法，果然以极快的速度测算出了灯泡的体积。从此以后，他再也不敢小瞧只有小学学历的爱迪生了。

这个故事带给我们三个启迪：

第一，自我OJT能让一个学历不高的人充满智慧；

第二，学历和工作能力不能画等号；

第三，OJT和自我OJT能随时随地进行。

第二节　自我OJT，以点带面促高效

我开发的《高效团队建设》课程，因为讲授的是企业提升效率和业绩的方法，强调学习、借鉴、提升的正能量理念，所以很受企业和高校MBA、总裁班青睐。由于学习此课程的学员都是管理干部，在授课时，我会向学员表达一个观点：在团队中，一个人学习、提升并不难，重要的是团队整体提升。作为团队负责人，不能只是自己优秀，要善于发挥榜样的作用，点燃团队的烈火，以点带面，让整个团队高效起来。

如果你是想成长为企业高管的中层或基层管理干部，抑或是想成长为管理干部的一线员工，这里分享一个通过自我OJT，从一线员工一步步成长为班长、副主管、主管，最后成长为工厂老板的案例，供你参考借鉴。

从主管到工厂老总

十几年前，我在广东一家大型台资企业任职高管时，手下有个赵主管，就是通过自我OJT取得成功的一个例证。赵主管虽然只有初中文凭，但工作极为努力，依赖强大的自我OJT能力，从基层员工一步步成长为班长、副主管，再到一个管辖三百人左右的部门主管。

因为他有超强的自我OJT能量，所以对他，公司采用的是超常提

拔方式。为了能让这位被超常提拔的低学历基层管理干部尽快适应主管的工作，我引导赵主管给自己订立了自我OJT计划，并启发他寻找高效学习的方法。

在赵主管的自我OJT计划实施过程中，每到一个阶段，我都给予引导或暗示。让人欣慰的是，赵主管在执行自我OJT计划方面，表现出了良好的素养，每一个时期都紧紧锁定目标，以高涨的激情努力提升自己。功夫不负有心人。等到自我OJT计划进入第三阶段时，他的能力提升比预想的还要理想。在第三阶段临近结束时，我向赵主管提出以下两个新任务。

一是调高自我OJT目标，继续提高自己，向优秀主管看齐。

二是对自己实施自我OJT计划的过程进行总结，将经验、心得和遇到的问题进行梳理，采用内训方式，分享给下面的副主管和班组长、储备干部，让更多的人借助自我OJT进行自我提升，达到团队业绩增长的目的。

其实，赵主管的自我OJT计划进入第三阶段时，已经养成了学习的习惯，就算我不要求，他也会继续努力提高。后来，赵主管果然影响到一批干部的成长。他们团队的工作效率和业绩，很快进入公司前5名。

十几年过去了，昔日的赵主管，早已成长为拥有两家中小型工厂的老板，大家称呼他为赵总。赵总自己打理两家正在成长中的工厂，虽然很辛苦，但他依然保持着自我OJT的良好习惯。

成功离不开学习

现在是知识快速更迭的社会。一个大学生走出校门时，在学校里学习的知识有50%已经陈旧了。所以，要在任何行业取得成功，在任何岗位胜任或胜出，都离不开继续学习。

让我们看看成功者的学习劲头是怎样的。

一次，我受北京航空航天大学温州研究院邀请，在温州市委党校给北航温州研究院组织的企业家训练营讲授《中小企业生产效率提升与成本降低》课程。一百多位听课学员，都是来自温州的中小型制造业董事长、总裁或总经理。这些年，制造业不好经营。所以，他们对企业的生产效率和成本控制特别关心。听了主持人对我的介绍，大家知道我是研究中小企业管理运营与变革的专家，对生产线管理和成本控制非常精通，所以在授课期间，他们听讲非常认真，学习热情要比中基层干部更高涨。大部分学员的听课笔记记得非常认真，还有不少企业家学员把听课感受和感想写成心得体会，准备回去后和下属分享听课的心得和感受。

一位年轻的企业家学员在心得体会中写道：因为我目前的才华、水平，还撑不起我要成为知名企业家的雄心壮志，所以，我要静下心来学习企业管理知识，多积累、多沉淀。我要努力带领下面的兄弟，把生产效率搞上去，把成本控制更好一些，为达成我的远大目标打好基础。

另一位总经理的心得体会这样写道：作为公司的高层领导，我的驾驭能力还有待提升，与我要追求的理想目标定距离。我要沉下心来，加紧学习，在管理工作中好好历练自己，争取让自己成长为企业的参天大树。

课程结束后，许多学员拿着我出版的书籍排队等我签名留念。有的学员利用休息时间，专门向我请教书本中阐述的关于中小企业管理、成本控制和利润管理的方法和措施。

为了强化知识转化效果，有几位企业老总请我去他们的企业给管理干部授课。这种结合企业现实状况和管理水平讲授的课程，对提升企业的生产效率、降低成本帮助更大。

成功人士，都有一颗热爱学习的心。

我在温州市柳市镇给正泰集团、华通集团、固力发集团的管理干部授课时，那些集团公司的管理干部的学习能力和上进心，都值得点赞。固力发集团人力资源总监饶晓勇先生，曾就人员管理和"90后"员工管理问题，和我专门讨论。

这样自动自发的学习精神，就是对自我OJT的客观诠释。

我经常提醒企业高管和中基层管理干部：你越是追求高效率、高业绩，越要在自我OJT方面付出更多的时间和精力。

我们实施自我OJT的过程，就是磨炼意志的过程。

燃起自身激情之火

人民邮电出版社2013年出版了我的《给你一个团队，如何提升士气》一书。在书中，我用大量的事例、数据、篇章，论证了士气对于高效工作的重要性。我们不会看到任何一个暮气沉沉的人能够高效工作！因此我们说：士气，是高效工作的原动力；而激情，就是士气的重要组成部分。

兵书有云：狭路相逢勇者胜。勇者，是胆量、气魄、激情、体能等诸多因素的综合体。而让勇者豪情万丈的，是激情。在日常工作中，激情，就是高效工作的士气。

广东生物科技行业的一家集团公司是上市企业，有着良好发展势头，在新乡、南充、韶关、东莞等地设有分公司和生产基地。该集团为了提高管理干部的管理技能和员工素养，曾经与我签订为期一年的培训协议，实施OJT和自我OJT相结合的培训、培养计划。

一次，我在该集团公司培训部负责人陪同下，去集团设在韶关市白土工业园的生产基地，给基层管理干部讲授《生产管理与成本控制》课程。

在沟通时综合科长就发出邀请，希望我在他们分公司员工早会上作即兴演讲。按照常规讲课规律，9：00开课，我在8：00前起床吃饭，8：30之前赶到培训现场做准备工作。他们安排的即兴演讲，时间定在7：30。我必须在7：10前赶到演讲现场熟悉环境。虽然当时已经很晚，我有失眠的毛病，第二天起床太早，注定是会休息不好的。但是一般来说，对客户提出的要求，只要不是太出格，我是会答应的。

那时刚过完春节，韶关的天气很冷，还下着雨。这样阴冷的天气，带给人的是心情的压抑和心理的灰暗。然而早上7：30，三百多名员工穿着棉衣、排着整齐的队列站在大厅里，一个个注意力集中、精神振奋。整个团队有如此高涨的激情，出乎我的意料，也让我为之振奋。我的即兴演讲围绕敬业爱岗的主题，全程仅仅二十多分钟，他们却给予我数次掌声。大厅里昂扬的口号声，让人深深地感受到什么是具有高昂士气、充满斗志和激情的团队。

一个人和一个团队在士气高昂时，能爆发出无限的能量，生发出壮烈的激情。这高昂的士气和激情，能激发工作的热情和主动性，能提高工作的效率，融洽团队的气氛，提升个人和团队的工作业绩，让员工和企业双双受益，达到双赢的目的。因此可以说，用激情构建起的高昂士气，是推动我们走向成功的动力，是促使事业进步的源泉。

带动团队同步提升

自我OJT对企业家、创业者、团队负责人或管理干部来说，被赋予了两层意思：一是通过自我OJT实现自我突破；二是鼓励、鞭策下属进入自我OJT序列，让大家都得到相应的学习、提升。

团队中每个成员都在进步，这个团队就是一个充满活力、积极向上的组织。每一个强大的企业，都是学习型的组织。华为如此，海尔、格力如此，阿里巴巴、百度、腾讯如此，我去佛山顺德美的集团总部和志高空调集团考察，看到美的集团、志高集团也是如此。倒闭的企业，各有各的问题，而在逆境中发展起来的企业，却有一个共同的特点：强大的学习力。

在自身提升的同时，也要想到让团队共同提高。要让单位业绩高效，离不开团队的力量。赵主管从普通员工一步步成长，现在成为拥有两个企业的总经理的案例告诉我们，对于从事管理工作的职场人士来说，既要努力实施自我OJT，让自己快速成长，更要善于在团队中推行OJT战略，让你所带团队的工作效率和业绩得到同步提升。

第三节　克服恐惧，大胆自我OJT

有时候，恐惧心理也会成为我们高效工作的拦路虎。那么，我们该怎样对待工作中的恐惧心理呢？

我向培训师蝶变

我刚从制造业外企高管职位转行进入培训、咨询行业时，是从驻厂辅导的咨询师做起，很快升至项目总监。公司董事长看中了我在外资企业任职高管多年的经历和丰富的管理经验，多次和我商量让我讲课。我阅历丰富，理论知识和表达能力也不差，有着当培训师的诸多优势，自己也想往培训师方向发展，但我比较爱面子，知道培训面对的是来自不同企业的管理干部，他们的经历、学历、能力各不相同，不同于我以前给自己的部属讲课，担心万一在讲台上讲了错话，不但自己出丑，还影响公司的声誉。因为有这些心理障碍，所以那时候我对讲课有一种恐惧感，一而再再而三地拒绝登台。

一次，公司在佛山市禅城区一家酒店举办生产管理类的公开课，董事长主讲，我去助阵。讲到将近上午十一点半时，董事长突然对我说，有一个重要客户要和他约谈，让我把上午剩下的半小时课程顶下来。没等我表态，董事长直接离开了。同行的两个业务员眼巴巴地看着我，面对突如其来的情景，我只好硬着头皮故作镇静地走上讲台。

面对坐在下面的八九十位企业管理干部，我感觉脸很烫。好在课程内容我熟悉，在高度紧张中把半小时撑下来了。

当时，公司只有董事长一个人能讲课，急需培养一名讲师，我是最佳人选。从那以后，我害怕被再次"赶鸭子上架"，于是从抽屉里翻出余世维、曾仕强老师的讲课光碟，开始自我OJT，恶补作为培训师需要的技能。

两周后的周末，公司同时在两个城市开课，我被安排在广州市番禺区讲授《金牌班组长》课程。虽然仍有不尽如人意的地方，但毕竟一次成功了。

突破了恐惧心理，我在成长为培训师的路上成长很快。这些年，我的课程从外企、民企走向国企、央企、党政机关、高校MBA，学员级别从班组长、生产干部逐步递增到总裁、董事长（最高级别为央企正厅级干部），课堂规模从几十人到上千人，都能轻松应对、游刃有余。不能不说，我在成长为培训师的路途上，克服了恐惧心理，大胆进行自我OJT，完成了职业培训师的蝶变过程，培训效率、效果同步提升。

在日常生活和工作中，我们心里想象的一些东西，和实际情况往往存在一定的差距。我们极端恐惧的事物，揭开真相后往往没有想象中那么可怕，甚至其结果与想象恰恰相反。所以，不论是企业实施OJT战略，还是个人制订自我OJT计划，都要从心理上克服对OJT的恐惧感。让OJT和自我OJT服务于我们的效率提升和业绩成长。

克服对自我OJT的恐惧心理

在战争年代，为了克服解放军官兵对装备精良的国民党军队的恐惧心理，夺取战争胜利，毛主席豪情万丈地说："在战略上，我们要藐视敌人；在战术上，我们要重视敌人。"在当时，毛主席的话对鼓舞官兵士气，起到了很好的作用。

我们在实施OJT战略时，也要克服对OJT的恐惧心理，学习一代伟人的"美帝国主义和国民党反动派都是纸老虎"的大气度和大胸襟。

事实证明，毛主席的论断不但高明，而且意义深远。正是这样的论断，激发了官兵的信心和斗志。大长了中国人民解放军的志气，大灭了蒋介石反动派和美帝国主义的威风，最终创造了以少胜多、以弱胜强的战争奇迹。也最终把蒋介石的八百万军队和美国政府，变成了实际意义上的"纸老虎"，实现了建立新中国的伟大构想。

藐视困难，树立自我OJT的信心

我在江门市委党校讲授《高效工作技巧》课程时，涉及OJT和自我OJT方面的内容。课堂上，就如何克服对OJT的恐惧心理问题，我分享了德国数学家高斯的故事，引导学员从两方面加强修炼。

为了提升破解数学难题的能力，德国数学家高斯采用了自我OJT的方式。在读高中时，高斯每天都从数学老师那里领回几道课外作业题回家做，第二天交给老师批改。

有一天，高斯像往常一样去数学老师那里取课外作业题，老师不在，高斯就自己去老师办公桌上拿走了作业题。吃过晚饭，高斯开始做题。但这次与往常不同，高斯遇到了大麻烦。有一道老师写在小纸条上的题，他挖空心思想，却怎么也做不出来。但高斯没有放弃，他相信问题自有解决之道，经过苦心钻研，终于解出了答案。

在日常工作中，我们也会遇到这样的情况。有些理论知识和专业技能，我们费了九牛二虎之力也学不会。但是只要我们藐视困难，树立必胜的信心，不断自我提升，问题可能就会得到解决。

其实，许多取得大成就的人士都有一个共性——自动自发地寻找机会培养自己的智慧和工作能力。高斯更是在自我OJT方面养成了良好的习惯，这种习惯为他后来在数学界创造巨大成就打下了坚实的基础。

用平常心看待学习中的困难

有位成功人士说得好："困难像弹簧，你弱它就强。"那些在事业上取得成就的人，在遇到困难时，心理上不会将困难的程度无限放大，而是以平常心看待它。

我在讲《高效工作技巧》课程时，常常把学习中遇到的困难比喻为"妖魔"。在弱者面前，"妖魔"的魔力很强大，将弱者的体量变得很渺小；而强者有强大的心理气场，"妖魔"遇到强者时，就失去了魔力，还原成它原本的状态。

无疑，数学家高斯在难题面前没有气馁。高斯猜想这可能是老师要故意难为他，经过一个通宵的奋战，高斯终于在黎明前将那道难题解答出来了。当高斯把答案交给数学老师时，老师惊呆了。原来，高斯花一个通宵解出来的是一道困惑数学界两千多年的几何难题，后来数学界将高斯破解的这道难题称之为"高斯定理"。

事实上，我们在学习中遇到的难题也许没有想象的那么难，用平常心对待并正视问题本身，或许得到的结果会在意料之外。

第四节　三大技巧，助力自我OJT

对职场人士来说，OJT概念已不是新名词。但要实施自我OJT，许多人还是感到无从下手。正因为如此，当我在企管课程培训班上讲到自我OJT时，不少学员表现出"老虎吃天，无从下口"的无奈感。

自我OJT的关键，是要对新事物、新知识、新技能等新奇元素保持好奇心，怀着求知的欲望，养成一种学习再学习的习惯。同时，还要了解自身在工作中的不足，根据工作需求，一步步补强自己的短板。

韩副总的自我OJT定位

韩副总刚刚晋升为企业高管，正在读一家高校的MBA。应该说，韩副总是很有上进心的年轻人，三十多岁就进入高管层，但韩副总心里很清楚自己的职务处境：当高管的经验不足，能力方面也显得捉襟见肘。在工作中，几个年长、资深的部门经理在他面前常有轻慢之举。怎样才能不负老板重托，把本职工作做得更好一些呢？

就在韩副总百思不得其解的时候，他看到一家高校的MBA招生函，于是毫不犹豫报了名，成为该班学员之一。读了半年MBA，韩副总发现离自己期望的"尽快提升解决问题能力"的距离较远。因为MBA课程在内容设计上，针对的是整个群体，而他需要的是让自己快速提升，尽早适应副总经理这个岗位的职务要求。

在我给该校MBA班授课时，韩副总利用课间休息和我沟通，想就此问题向我单独请教。可能是为了让我认真对待此事，他伸出手机，郑重其事地告诉我："刘教授，我刚才在网上购买了您出版的所有管理著作，回去后，我要认真拜读您的大作，让自己快速提升。"类似韩副总这样积极追求职场进步的学员，我在几所高校MBA班上遇见不少。我针对每个人的具体情况，都给予他们较中肯的建议。

授课结束后，我如约为韩副总的职场进步进行耐心指导。

首先，我给他列出了一个简单的公式：自身对OJT的需求＝完成工作必不可少的能力－自身现有的能力。要实施自我OJT，就要先对两个能力进行评估：一是评估自己需要完成的工作所需求的能力；二是评估自身现有的能力。经过认真评估、比对，找出自身某些方面的不足。不足的部分，就是自身对OJT的需求。需要注意的是，各种能力的评估只能做到相对客观，很难绝对化。

我和韩副总一起，对他担任的副总经理职务在实施自我OJT时的能力需求进行了认真分析（如表2-1所示）。

表2-1 副总经理职务能力需求OJT分析表

能力需求＼分数＼项目	统驭能力	沟通能力	计划能力	专业能力	判断能力	协调能力	控制能力	人格魅力	理论知识	其他能力
副总岗位需求能力（分）	10	10	9	9	10	12	10	12	8	10
自身现有能力（分）	8	9	10	10	8	9	8	9	10	8
差异数（分）	-2	-1	+1	+1	-2	-3	-2	-3	+2	-2
是否需要"OJT"	是	是	否	否	是	是	是	是	否	是

根据分析我们发现，计划能力、专业能力、理论知识三项，韩副总自身现有能力是高于副总经理职务工作需求能力的，所以暂不需要OJT。而统驭能力、沟通能力、判断能力、协调能力、控制能力、人格魅力、其他能力七个方面，是他需要补充的对象。这七个方面就是对自身OJT的需求。

做完职务需求能力分析，我告诉韩副总，对于副总经理来说，其职能是由"副"和"总"构成，是辅助总经理工作。所以，副总要在各部门经理之间扮演好"润滑剂"的角色。在统驭和控制方面，副总没有总经理重要。但工作协调，是副总的重要职能之一。因此，在副总的职位上，要修炼出良好的人格魅力，才能更好地完成协调工作。

方法正确，自我OJT才高效

在实施自我OJT时，找到好方法，胜过百倍的努力。

前几年，我在惠州市给北京大学汇丰商学院惠州教学点MBA班学员讲授《公文写作》课程。中途休息时，一位学员向我请教："刘教授，您是经管作家，我读过您出的几本书，受益匪浅。以您专家的角度来看，对从事写作的人来说，读万卷书、行万里路、高人指路，哪个更重要？"

该学员提的问题，这几年在培训界和网络上有一种较流行的说法：读万卷书不如行万里路，行万里路不如高人指路！

我告诉他："对写作者而言，既要'读万卷书'，也要'行万里路'，更要有'高人指路'。"读万卷书，是要累积、丰富文化知识，为写作打好理论基础；行万里路，是增长阅历和见识，让写出的文章内容丰润、骨肉丰满，增强可读性；而高人指路，则是解决方向、方法的问题。不同的文体，有不同的写作要求和表达方式。高明的方法，能让写作的人步入快车道，提高行文的效率和写作效果。所以，高人指路则尤其重要！

我给那位学员讲了自己早期的写作经历。

在我的家乡河南省郸城县，有一位享誉中原戏剧界的编剧——李洪喜老师。李老师是国家二级编剧，获得过不少大奖。他创作的豫剧《天职》于2012年3月赴京演出，荣获"河南省五个一工程奖"。

说起来，我和李洪喜老师还有师生之谊。

二十世纪八九十年代时，中华大地出现过几年文学热。那时候，我正是热血青年，喜爱文学艺术，经常写一些短篇小说、散文、杂文等，算是一个文学青年。当时，农村没有电视机，大家喜欢抱着收音机听节目。我比较喜欢听广播剧，又爱好写作，就想自己学习写广播剧剧本。虽然我下了不少功夫，但进步很小。我想去县城最大的新华书店买广播剧编写方面的书，但一直没有买到。

1984年，时任郸城县豫剧团编剧的李洪喜老师和坠剧艺术家吴宗俭老师合作编剧的坠剧《嫁母》荣获河南省剧本创作一等奖和演出二等奖。我当时刚满二十岁，正是血气方刚的年龄，为了在广播剧剧本写作方面有所突破，我骑自行车跑到县文联找老师求教，接待我的刚好是李洪喜老师。李老师学识渊博，和蔼可亲，在剧本写作技巧方面给予我很多指导，让我在广播剧剧本写作方面得到长足进步。后来，我多次去县文联向李洪喜老师请教，在其他剧本创作方面也得到明显提升。

虽然后来因为生活原因放弃了剧本写作，但李洪喜老师指导我的那些编剧技巧却一直没有忘记。从台资企业离职后，我把在台资企业任职时发生的离奇故事认真梳理，创作出一部反映港台商人智慧和矛盾的商战题材电视剧本，共34集。这其中都离不开李洪喜老师在编剧技能方面站在高屋建瓴的专业高度给予我的指导。试想，如果我当时不去向李洪喜老师请教，只靠自我OJT，虽然也能进步，效果肯定不理想。

这就是高人指路的意义和价值。

我告诉那位学员："对写作者来说，也是同样的道理。学习写作要找的指路高人，能真正洞悉写作奥妙，通晓写作方法，且有丰富的写作经验，对各种文体写作有广泛认知，并能驾轻就熟的人。"

那学员深有感触地说："刘教授，我领悟您的意思了。我觉得学院派的教授讲写作知识，只善于纸上谈兵，把简单的事情复杂化。他们给不出可行的写作方法。"

老实说，我对那位学员的观点很认同。多年前我在党政机关办公室工作时，第一次写《政府工作报告》，就是因为理论太多，被领导否定三次。后经富有多年公文写作经验的党委办主任点拨，我将报告中许多理论文字置换为具体事例和数据，才得到领导认可。

所以就《公文写作》课程而言，我给MBA班学员讲授的写作技法与学院派讲授的不同之处在于我的实际写作经历。我写过几年新闻稿，也写过不少杂谈，整理过民俗传说故事，创作过电视剧本、广播剧本、长篇小说、网络小说，在党政机关从事办公室工作四年多，主笔写作《政府工作报告》《党委工作报告》等重大文稿，并且取得了不错的写作成果，在《人民日报》《河南日报》等重要媒体发表过文章，出版多部管理著作。所以，我讲授的《公文写作》课程，许多写作技巧是我根据自己的写作经历和经验总结创立的，比书本上的写作方法好用得多。

上述案例告诉我们，不论从事哪个行业、哪项工作，要高效，必须找到正确的方法。当你为提升自己实施自我OJT时，下面三种方法可供参考。

第一，短板补强法。

不论是智叟还是愚公，都有自己的长处和短板。自我OJT实际上就是不断补强自己短板的过程。要补短板，首先要找出自己的短板在哪里。如表2-1所示，表中的负数项目，就是实际意义上的短板。

需要注意的是，如果自身同时有几个短板需要自我OJT，这就有必要对几个短板项目进行罗列分析。然后根据工作需要，将要自我OJT的项目按照先后顺序排一排队，进行有序补充。这样能使工作同步进行，否则就会耽误工作进展。

第二，瓶颈扩充法。

在开展一项工作前，如果我们对自身能力和工作需求能力不能正确评估，就难免会遇到瓶颈。这时候，可尝试采用瓶颈扩充法来保证工作高效完成。瓶颈扩充法指在短时间内将精力集中在遇到的瓶颈上，强化训练，快速扩充。

如果我们把瓶颈扩充法和短板补强法进行对比的话，可以看出二者有着明显不同。短板补强法是在工作开展之前就主动寻找短板，提前对短板实施自我OJT措施。这样的做法积极主动，我们应该大力提倡。瓶颈扩充法则是在工作进行到一定阶段时才发生，相比之下，就显得较为被动。但此时工作已经开展，不能半途停下。所以，此乃不得已而为之。

第三，取长补短法。

不管你是在创业，还是进入职场谋生，每个人都有自己的强项和弱项。俗话说：尺有所短，寸有所长。当我们在工作中遇到困惑，而时间又不能拖延时，再按部就班地采用短板补强法和瓶颈扩充法来提升自身的能力，显然已不能收到理想成效。

遇到这种情况时，不妨找一个在该项工作上有专长的人，而对方工作的某一方面又是你的能力范围内能够做到的，然后将两个人工作临时交替一下，就能相互取长补短，等完成了阶段性的工作后再交替回来。这样可以让双方的工作都能顺利完成。

　　要注意的是，在采用取长补短法时，要保证双方都能负责任地投入工作，不能完成一项工作又落下另一项工作。

第五节　七步制胜，自我OJT要遵循

顺畅、科学的流程，是高效工作的重要条件。我们在工作中实施自我OJT，也需要遵循科学的流程。流程，就是我们开展自我OJT沿袭的步骤。

李主管的职场人生

前几年，我在广东佛山市一家生产家具的民营企业做管理变革辅导时，木工部李主管因为工作业绩不好，常被上司训诫。总经理和生产总监对其管控能力和工作技能不太满意，已有更换主管的想法。

总经理征求我的意见，我告诉他："更换主管不难，重要的是你更换的人选，不见得就一定比李主管做得好。"因此，我向总经理建议："我们做两方面努力，一是和李主管谈话，让他补强短板，继续为公司效力；二是物色合适人选，假如李主管不愿配合或不能补强短板时，我们有预备人员接手主管工作。"

我也找李主管说明了情况。他知道如果离职了，在外面不太好找工作，所以愿意接受我的建议，通过自我OJT提高工作效率和部门业绩，保住现有的职位。

说实话，自我OJT并不是简单的事情。每个人的工作特性不同、职位不同、能力需求不同，所以方式也是千差万别的。李主管向我讨

教自我OJT的办法。我引导他先对合格主管所需要的管理能力进行分析，然后结合他的现有能力评估，找到他在自我OJT方面需要做的努力。

综合评估后，我将自我OJT实施步骤列出一个简单易行的清单，供李主管参考（如表2-2所示）。

表2-2 自我OJT步骤明细表

序号	主要步骤	相关内容	备注
1	厘清开展工作必不可少的能力	文凭、专业知识、技能、方法、表达能力、思考力、判断力、经验、沟通、人际关系、办公软件等	必要时，可请领导或同事帮助厘清
2	把握自身的现有能力	从工作需要和业绩需求能力的评估入手	注意客观性和准确性
3	制订自我OJT计划	找出现有能力和工作需求能力之间的差距，思考提升能力的方案，制订切实可行的学习计划	从目标设定到自我OJT计划完成
4	寻求上司支持	请上司给予指导性意见（或协调学习需要的机会和时间）	尽量得到上司的支持
5	实施自我OJT	按照自我OJT计划，展开相关学习活动	可运用短板补强法、瓶颈扩充法、取长补短法进行
6	检查、总结效果	在自我OJT计划实施期间，对取得的效果进行阶段性检查和总结	进行自我评定，找出存在的差距和不足
7	寻求改善	当发现实施效果不佳时，就要寻求改善。必要时，可以考虑重新制订计划	改善要有针对性，要注重实际效果

李主管按照我给他列出的自我OJT步骤明细表，主动实施自我提升，每个阶段基本都能收到计划预定的效果。经过三个月努力，李主管的管控能力和工作技能都得到相应提升，已能够应对本职工作，工作业绩也有了明显提高。总经理和生产总监对面貌一新的李主管刮目相看，工资也有所增加。李主管尝到了自我OJT的甜头，学习的劲头更加高涨了。

掌握方法步骤，有效开展自我OJT

李主管的案例说明，掌握了正确的方法和步骤，可有效开展自我OJT。

第一，方法正确。

方法正确，可以让我们找到快速提升的捷径，缩短学习的时间。

第二，步骤科学。

步骤科学，让我们在工作和学习当中有章可循，可以有条不紊地进行。

信心与坚持，是自我OJT的基石

李主管在听从我的建议后，认真分析评估能力，用信心和坚持，达到了预期的结果。

第一，信心。

建立信心，能帮助我们鼓起自我OJT的勇气。

第二，坚持不懈。

持之以恒，是按部就班实施自我OJT计划的基础。

第六节　四个核心，自我OJT有基石

有一次，我在辽宁省铁岭市给中国移动的管理干部讲授《高效团队建设》课程。中间休息时，一位学员拿着我出版的一本书向我请教："刘老师，我想快速提升自己。这本书上讲到自我OJT提升，我想请教核心是什么？"

我很欣赏热爱学习的学员，就向他重点讲述了自我OJT要把握的四个核心。

知识储备

我们不论开展什么工作，都要掌握相关基本知识。而要高效工作，除了必须掌握的基本知识，还要尽量多掌握一些有利于工作的其他知识。宽泛的知识面，能给工作带来更多的有利条件。

按照常规，完成工作任务需要专业人员。若能博学多才，就会让专业人员的工作更加高效，业绩更加突出。因为博学多才者在开展工作时，会用自己的渊博知识和真知灼见，对问题进行更全面的思考，提出更准确的判断，提高效率的方法更多，既让工作少走弯路，也让效率更上一层楼。

对于知识能力不能适合工作需求的职场人士，进行自我OJT就是非常必要的。

技能加强

确切地说，技能是已经掌握的开展工作所需的技术能力、解决问题所需的技巧等。对职场人士来说，技能是开展工作的基本保障，是和知识同样重要的工作元素。对从事具体工作的岗位如此，对管理干部也是如此。对具体操作者来说，没有技能就不能开展工作。而对管理干部来说，缺少技能，管理工作就难以顺畅，甚至在关键时刻受制于人。

2017年年底，我的朋友叶汉宁先生用微信向我询问报读MBA的情况，我向他推荐几家请我讲授MBA课程的高校供其选择。当时的他正在深圳市一家生产珠宝的集团公司任高级经理，统管人力资源与行政工作。为了进一步提升自己的工作能力，计划进修MBA。

我和叶汉宁先生在2012年相识，我当时与东莞市一家上市集团公司签订一年的培训协议，为该集团设立在全国多地的生产基地管理干部授课。当时，叶汉宁先生刚从华中师范大学毕业不久，入职该集团负责培训工作，作为集团公司派出的助教，陪同我到各个生产基地讲课。

叶汉宁先生虽然工作经验欠缺，但是很好学。我当时送给他两本刚出版的管理书籍《带着答案来找我》和《跟上上司脚步：高效工作密码》，他很认真地读完，并写出详细的读书笔记。由于感觉书中内容比较实用，他建议公司为员工购买。为提高学习效果，公司要求每个人都要按章按节写出学习启发和读后感。

在此期间，叶汉宁先生还自修完成了人力资源管理课程，专业知识和工作能力得到快速提升。

后来，叶汉宁先生另谋高就。但不论走到哪里，他都坚持自我OJT，能力越来越强，平台也越来越大。短短几年时间，他已成长为集团公司的高级经理。现在，他又要报读MBA，向着更高目标努力。

态度端正

态度决定一切。有良好的态度不见得一定能取得良好的业绩，但态度不好注定是做不好工作的。

就拿自我OJT来说，如果我们态度不好，心里的阻力就大，工作的热情就低落，主动性就会欠缺，能力提升的速度也会大打折扣。久而久之，高效就离我们越来越远。

习惯良好

习惯，指的是我们在工作上或生活中养成的规律性习性。

生活中有良好的习惯，身体状态就好。工作中有良好的习惯，对提升效率和业绩会有帮助。同样的道理，如果我们能养成自我OJT的好习惯，当发现有学习机会时，我们就会积极把握，随时随地学习，不断提升自己。

一代伟人毛泽东主席是位嗜书如命的人。读书时，他有个一般人所没有的习惯——加批注。不论读什么书，他都习惯于把自己的见解、思考、疑问等写在书中的空白处。也正是因为有这样的读书习惯，毛泽东在读书时要比别人思考更深刻、理解更透彻、记忆更牢固。

第七节　四项条件，自我OJT应注意

我是自我OJT的受益者，所以，在培训中讲到这部分内容时，感受更为深刻。

我与新闻的不解之缘

多年前，我在家乡政府部门负责新闻宣传工作。虽然我工作很努力，但就是不能在报纸和其他媒体上发表有分量有影响力的大稿件，只能零打碎敲地在省市级报刊杂志上发表一些豆腐块文章。

后来，我对自己的问题进行总结，得出的结论是：要想在新闻宣传方面取得好业绩，就要自我突破。我不是学新闻专业的，要把本地发生的新闻事件写成有分量的新闻稿发表在有影响力的报刊杂志上，就要实施自我OJT战略，突破新闻写作瓶颈。于是，我开始拜访新闻界权威人士，靠这样的笨办法补强短板，提升自己的新闻采访和写作水平。

为了在新闻工作上取得大的成就，从那时起，我就把投稿的方式进行调整，凡是重要的稿件，都由过去的寄稿变成送稿，亲自到相关新闻单位，并厚着脸皮向编辑讨教。

看到我谦恭的态度和誊写得清清爽爽的稿件，编辑们都表示喜欢，所以，他们都乐意给我指点迷津。有编辑甚至给我指点，什么类

型的稿件应该直接寄给某专版的值班编辑，减少总编室分发稿件时间，提高时效性。

没想到，我靠送稿向编辑讨教的自我OJT方式，很快就见到了效果。没过几天，《周口日报》就在第2版重要位置发表了我采写的《汲冢镇走农工商一体化、产加销一条龙的新路子》。没过多长时间，我采写的一些有分量的人物通讯、新闻特写、概貌通讯等重要新闻稿件，陆续在《河南日报》《河南农民报》《河南科技报》《教师报》《周口日报》等十多家省、市级报刊和其他媒体刊登。《河南科技报》还在头版头条刊登我采写的某行政村率先进行农机使用改革的稿子，就连最权威的《人民日报》也刊登了我的稿件。

从那年起，我连续三年被评为先进新闻工作者。后来，我兼管党政办工作，很快就对起草《政府工作报告》《党委工作报告》这样的重大文件驾轻就熟。

自我OJT的魔力，由此可见一斑。

由此，我认为要让自我OJT收到很好的成效，必须关注开展自我OJT的四个先决条件。

科学计划

通过计划，理顺实施自我OJT的时间和步骤，是提高学习效果的好方法之一。

我们知道，工作高效离不开科学有效的计划。同样，自我OJT也要制订科学的计划。特别是采用短板补强法和瓶颈扩充法进行OJT时，更要制订科学、合理的计划作为保障。

在自我OJT计划制订和实施方面，我们可以结合质量管理工作中常用的PDCA循环模式进行（如图2-1所示）。

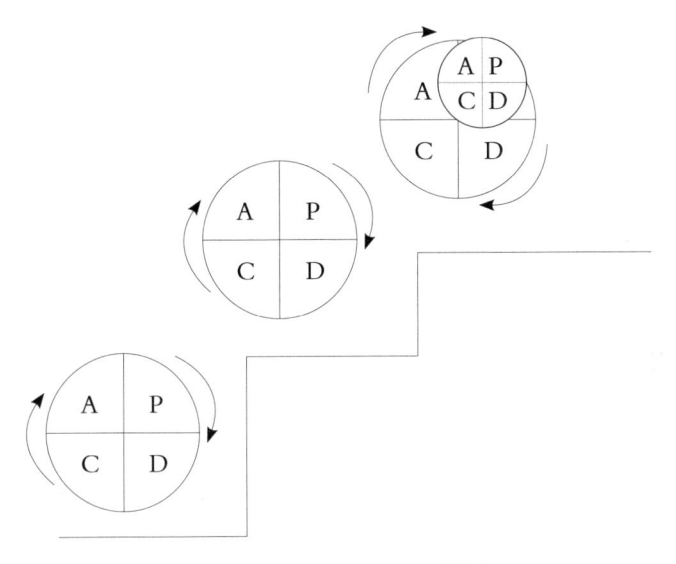

图 2-1　PDCA 循环模式图

图 2-1 中的 PDCA 含意如下：

P（Plan）：制订计划；

D（Do）：实施计划；

C（Check）：过程检查；

A（Action）：行动、改进。

图中的 3 个圆，每个圆分别表示一次 PDCA 循环过程。在第 3 个圆中，右上角的小圆代表的是每一个小问题点都可以进行一次循环。

在第一次 PDCA 循环中，从制订自我 OJT 计划开始，到实施计划、检查、改善结束，算是完成首次学习计划。如果完成效果不理想，再进行第二次 PDCA 循环。如果第二次的效果仍不理想，则要考虑进行第三次甚至第四次。

每循环一次，圆圈就上了一个台阶，我们的能力和技能就得到一次提升。

认真学习

学习，是对未知的东西产生的渴求，也叫作求知欲。

同样是学习，态度认真与敷衍了事，效果相差很远。自我OJT学习，一定要建立在认真的基础上。"世界上怕就怕认真二字！"当我们认真负责对待自我OJT时，有可能会收到事半功倍的效果。

准确判断

判断，就是对完成工作任务应采用的方法或对事物性质做出的快速、准确的判定。

我们要高效工作，离不开精准的判断。同样，实施自我OJT也需要准确的判断。拥有判断力，能帮助我们在自我OJT时迅速、准确地判定学习的重点和要掌握的内容。因此，判断能力也是自我OJT的一个重要条件。

学会变通

中医常说：通则不痛，痛则不通。在日常工作中或实施自我OJT时，我们也要学会应变。变则通，不变则不通。

我给MBA班授课时，曾有学员向我请教应变的方法。老实说，没有谁能教给我们一劳永逸的应变方法。应变，需要的是见机行事的灵活性，要学会动脑筋思考。为了让那位MBA学员学会应变，我给他讲了一个画家应变的故事，让他去领悟个中滋味。

一个小国家的国王，在战争中失去一只眼睛，瘸了一条腿。按照该国传统，国王登基需要将画像挂在宫殿里，以展示君王的尊贵和威严。国王这副尊容，给皇宫的画师们出了一个难题。

第一个画师循规蹈矩，不懂得变通。接到给国王画像的命令后，他按照常规思维，依照国王的本来面目画像。他用尽浑身解数，把国王像画得惟妙惟肖。但越是这样极其逼真的画像，越让国王愤怒。国王盛怒道："我乃堂堂国君，竟然让你画成了这副德性。你这是欺君之罪。"

第二个画师汲取第一个画师的教训，将国王的瞎眼、瘸腿全部掩盖起来，将像画得五官端正，仪态万方，两眼炯炯有神，两腿威武雄壮。国王看了十分气恼："这分明是在嘲笑我不配当国王。"

第三个画师接到给国王画像的命令，他用心揣摩国王的心理，寻找变通的办法。国王作为至高无上的君主，如果画成"独眼龙、瘸皇帝"，确实有损国王形象和国家尊严。但像第二个画师那样也说不过去。于是，他动起了脑筋。考虑国王擅长骑射，为国家立下汗马功劳，给国王设计画像，要从这方面找突破点。

第三个画师经过慎重思考，决定从两个方面解决问题：其一，解决"瘸一条腿"问题，该画师给国王设计了一个合情合理的动作——骑在马上；其二，解决"独眼龙"问题，该画师给国王设计一个动作，更让人拍案叫绝——托枪瞄准。

也就是说，第三个画师设计的画像为国王骑在一匹威武的战马上，双手托枪在瞄准假想的敌人。这样的设计，巧妙避开了国王的两个缺点：一只眼睛在做瞄准的动作，所以要闭上；瘸的一只腿刚好被威武的战马遮挡起来。此应变手法可谓巧妙至极，让人叹为观止。再加上绝妙的艺术处理，一幅别开生面的国王骑射像便诞生了。

国王当即对第三个画师给予重奖，还让他担任宫廷画师的总负责人。

我们看，第三个画师的变通方式不但对自己的思维能力进行了一次自我OJT，更让本职工作收到了高效的效果。

"变通"也是我们自我OJT的重要因素,是其中的一个核心。我们的工作中存在着很多变的因素,所以要学会以变应变。

不管是自己创业还是在单位就职,学会变通,可以在工作遇到瓶颈时柳暗花明,在自我OJT出现困惑时会另辟蹊径。

第八节　三大目标，自我OJT要紧盯

高效的自我OJT，需要明确、适当的目标支撑。有了切实可行的目标，我们补强短板、突破瓶颈的步骤和时效才更理想，才能和工作需求同步，从而更好地服务于高效工作和绩效。

总监因何被淘汰

我在广州给企业家训练营讲课时，来自某纸品厂的孟总跟我聊起他们公司的一个案例。

孟总的堂弟是车间干部，他想当生产总监，就向孟总保证在短期内快速提升自己。孟总很想栽培这位堂弟，就给了他机会，并叮嘱他好好努力。

刚当上生产总监时，他确实认真学习，让孟总十分欣慰并在多个场合表扬他。但让人大跌眼镜的是，他坚持不到两个星期，原本高涨的学习热情就一落千丈。孟总苦口婆心地督导劝说，但收效甚微。孟总担心长此下去会对生产造成严重影响，在"恨铁不成钢"的无奈感叹之余，只得狠心将他淘汰。

孟总堂弟被淘汰的主要因素在于忘了初心，缺乏将自我OJT坚持下去的勇气。

孟总向我请教管理干部能力自我提升的方法，我列出自我OJT要

关注的3个阶段的学习目标：短期目标、中期目标和长期（后期）目标。为直观起见，我列出一个分析表（如表2-3所示）。

表2-3 自我OJT3个时期目标分析

目标期别	学习提升操作事项
短期目标 （1个月内）	建立自信心，鼓起自我OJT的勇气
	必要时，可寻求上司和同事的支持
	认真执行自我OJT计划
	寻找有效的自我OJT方法
	总结初期计划达成情况，找出优势、劣势
	与计划偏离部分，继续学习。亦可结合PDCA循环进行
中期目标 （1~3个月）	检讨自我OJT方法是否正确、高效
	自己权限范围不能达成的，可请上司指导或者疏通资源
	请同事帮助提建议，或给予实际的帮助
	自我督导自我OJT进程
	阶段性检查分析，找出改善点并改善
	记录自我OJT心得体会
	评估自我OJT计划进程与实施效果
	不足部分继续学习。亦可结合PDCA循环进行
长期目标 （3~12个月）	对照自我OJT计划在实施中的效果。必要时可修正计划
	坚持，并做到自我肯定与鞭策
	养成自我OJT的习惯
	定期与同事、团队分享自我OJT成果
	将自我OJT的经验、成效、方法分享给同事和好友
	做好总结检讨，解决存在的问题
	用自己的学习热情感染、带动同事和好友
	重要事项记录存档备查
	将自我OJT习惯固定下来
	追求业绩的更大进步

正常情况下，自我OJT分为三个阶段，每个阶段都要有清晰的学习目标和注意事项。

初期阶段注意事项

俗话说："万事开头难。"初期阶段特别重要。我们常说：良好的开端是成功的一半。初期阶段能做好，就为中后期阶段打下了良好基础。

初期阶段，一定要注意以下两个要素：盯紧初期阶段的目标，努力有一个良好的开端；树立自我OJT的信心，鼓起学习的勇气。

中期阶段切勿半途而废

"半途而废"这个成语来自东汉时期流传下来的一个故事。

乐羊子有一天在路上捡到一块金子，将它交给了妻子。妻子是刚烈之女，她对乐羊子说：一个有志向的人，不喝盗泉之水，不吃施舍之食，更何况这是捡的金子，会玷污人的品行。乐羊子惭愧地扔了那块金子，决意去远方求学。

一年后，乐羊子归家。妻子问"学业未成，为何回家"，乐羊子说：想家了。妻子操起剪刀走到织机前，说：这织机上的绢帛是一根丝一根丝组合起来，在织机上一寸寸累积起来，由寸成尺成丈成匹。我今天将其剪断，就会前功尽弃！郎君读书也是这个道理，如果半途而归，势必前功尽弃。

乐羊子深感惭愧，又去继续学业，七年后才学成回家。

中期阶段，关系到成败问题，自我OJT进入关键时期，应当注意以下四个方面。

第一，紧盯自我OJT计划，密切关注目标，防止方向偏移和计划滞后。

第二，理清努力方向。中期进入攻坚阶段，自己陷在其中，可能会出现当局者迷的状况。这时候，如果有对你的情况比较了解的局外人点化或帮助，会大有裨益。

在此阶段，个人努力固然重要，如果能和上司做好沟通，得到领导的认可，请他们高屋建瓴给出指导意见，则能起到事半功倍的作用。你也可以请得力的同事给予自己帮助和指点。这个时期不要只顾埋头在自我OJT的计划里，更要理清方向和思路，寻找达成目标的捷径。

第三，检讨自我OJT计划执行情况，做好阶段性总结工作。一旦发现计划进展不理想或者效果不好，还要找出改善的方法。

第四，善于自我督导。自我OJT不是靠上司来鞭策，而是要自我努力。中期阶段是考验和磨炼个人意志的时候，任何松懈和动摇，都可能半途而废。

后期阶段应当坚持

许多成功者常常讲到"竹子定律"。一棵新种的竹子，在起初的四五年，仅长高几厘米。第五年开始，每天以20～30厘米的速度疯长，一个半月就能长到十几米。其实，起初的四五年时间，竹子不是没有生长，而是在为"疯长"打基础，在地下将根伸长。有了强大的根系作支撑，后期快速增长就有了可靠的营养保障。

自我OJT进入后期阶段，也应当学习竹子"养精蓄锐"的精神，将内存养分调适好。所以，后期需要的是坚持、坚持、再坚持。可以说，能坚持进入后期阶段的，就是值得点赞的优秀人才。在后期，应做好以下三个方面工作。

第一，做到自我肯定，养成自我OJT习惯。

第二，发扬风格，将自己取得的成绩和采取的方法、总结的经验与同事分享，让整个团队一起进步。

第三，如果需要，可制订下一步自我OJT目标，争取更大进步。

第三章　用魔咒打开高效之门

小时候，我们渴望自己能成为会念魔咒、掌握法力的人，让自己变得神通广大、无所不能。长大之后才知道，那不过是带有神话色彩的虚幻传说而已。就高效工作而言，有些人一心想找到一个能让自己"一劳永逸高效下去"的奇妙方法。这无异于我们听过的那些关于法力、魔咒的虚幻故事。如果真有魔咒的话，关于高效工作的魔咒，就住在我们的大脑里。

我从政府机关办理停薪留职手续来到广东已有二十五个年头。政府工作状态和外企完全不同，经过长期耳濡目染我彻底脱胎换骨了。想起当时在政府机关工作时，听那些到过南方的同事讲述深圳三天一层楼的速度，觉得深圳人可能真的掌握了高效工作的魔咒。

其实，那些高效工作方法，都是在环境感染下，在职业观支配下，自己动脑筋想出来的。

第一节　建立高效职业观

性格决定命运，气度影响格局。一个人建立了积极向上的职业观，就会追求学习进步，为实现高效工作、业绩良好打下基础。

香港老板讲故事

我在一家港台合资企业任生产课长时，香港老板向我讲了一个故事。

寺庙住持安排两个小和尚去山上寻找好看的石头，要求每人带回一块形态精美的石头放在庙里。甲和尚看到山上许多石头都好看，就捡起放到筐里，时间不长就捡了半筐。乙和尚先捡一块他认为最好看的石头，再到别的地方找，发现好看的石头，就拿出先捡的石头与其比对，然后把最好看的留下来。

最后，甲和尚捡到多半筐好看的石头，趔趔趄趄背着下山。在下山路上，他累得满头大汗，越走感觉越重。于是，他就把筐里的石头翻出来进行比对，把不太好看的扔掉。再走一段，再比对一次，扔掉一些。扔到最后，筐里只剩下一块石头，他也累得筋疲力尽。乙和尚则拿着那块最精美的石头，开心地蹦跳玩耍，心情轻松愉快。

讲完故事，香港老板提醒道："我们要像乙和尚那样做事情，不要像甲和尚那样成为一个不动脑筋的'勤劳者'。"

香港老板的话引发我的深思：如果说高效工作有魔咒的话，那么乙和尚是不是已经掌握了那个魔咒呢？对于创业者和职场人士来说，像乙和尚这样既有助于轻松自己，又有助于提高工作效率的思维魔咒，我们也应该学习掌握为佳。

伟人的职业观

高效的职业观，既有先天因素，更需要努力修炼。先天就有积极向上职业观的人，工作进步，事业心强，离成功的距离就会近一些。但更多的成功人士，其积极向上的职业观是靠努力培养提升起来的。

军人出身的任正非,在职业观塑造方面是大家学习的典范。他用狼性文化作为基础的企业文化,把华为打造成一个充满斗志的高效团队。在他的高效职业观带领下,华为以惊人的速度发展,并于2017年跨进了6000亿元俱乐部。在美国上市的阿里巴巴创始人马云,其职业观火爆网络。恒大掌门人许家印、志高集团董事局主席李兴浩,在职业观方面更是可圈可点。

需要说明的是,高效的职业观必须建立在正确的人生观、价值观基础上。人生观、价值观正确的人具备了高效职业观,会把高效应用在对社会、对团队有利的事情上。

我们应该通过升华"三观",端正人生观、道德观、价值观,加强高效职业观修炼。

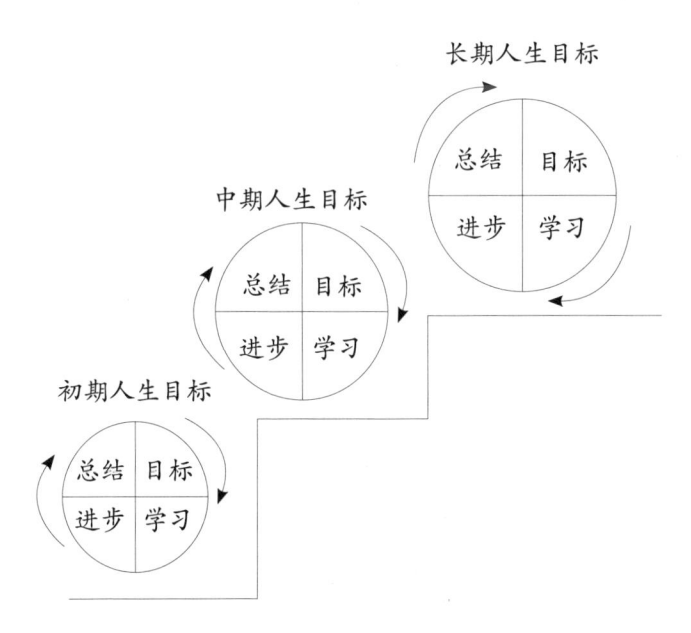

图 3-1 人生的长、中、短期目标示意图

对于精神境界不太高的普通人来说，怎样才能让我们的"三观"得到快速升华呢？我们分享一个"人生三观升华"的目标递进效果图（如图3-1所示）。

在图3-1中，三个圆形（小圆、中圆、大圆）分别代表人生的短期、中期、长期目标。圆形越大，代表进步程度越大。圆形下面的黑色线条呈台阶状，预示人生目标每上一个台阶，就能获得人生的一次进步与提升。

人生目标需要定位

当我们的人生目标不清晰，不知道自己该往哪里努力时，正是需要梳理、定位的时候（如表3-1所示）。

表3-1　人生目标分析

各时期人生目标	目标特点	要求	努力时限
初期人生目标	初期目标时间短，要解决近期成长的问题	清晰、直观、困难度小，容易达成	通过努力，可在短时期内达成
中期人生目标	随着素养和人生境界提升，期望值逐步提高，目标设定逐渐增大，需付出一定努力方可达成	要对目标检讨、修正，并有可行的计划	需要几年或数年时间的努力才能达成
长期人生目标	在工作和学习中不断进步，人生境界渐已高远，目标日趋远大（清晰度降低），人生坐标已明晰	要根据人生规划不断学习、及时总结与调整，并努力坚持	需要数年或长期努力才见成效，经长期（或终生）奋斗才有望实现。此目标意义远大

首先看自己是有创业的梦想，还是想进入一个单位成为团队的一员；接着就要思考：我们喜欢什么职业，有哪方面的优势，能不能（或者说愿不愿）往那方面发展。这就是初期定位时要考虑的问题。

当我们有了基本的人生目标定位，也就为以后的努力找到了方向。

以积极心态面对人生目标

对待人生的态度，直接影响到工作的方式、效率、效果以及人生目标的达成。

当我们心态积极的时候，看所有的事物都是阳光的。保持阳光心态面对工作，面对人生，我们能更好地审视人生的意义和价值。

适时进行阶段性调整

我们确定的人生目标，由于太长远，所以只能作为努力的方向。短期目标服从于中期目标，为高效实现中期目标，当短期目标与中期目标发生冲突时，就要对短期目标做适时调整。同样的道理，中期目标服从于长期目标，当中期目标与长期目标发生冲突时，也要对中期目标进行适时、适度的调整。

做好总结工作

在给高校MBA学员授课时，我常常强调"总结"对于高效的重要性。适时、科学的总结，是高效工作的重要组成部分。我们对走过的人生历程进行总结，既是对过去的回顾，也是对未来的展望。

我们认真总结过去，能积累经验、教训，能找出我们在工作中存在的差距和不足，也是展望未来，让人生目标更清晰、更明确的重要手段。

第二节　寻找高效率方向

"选择比努力重要。"这话虽然偏颇,却也有一定道理。选择,是确定方向。一旦方向错了,效率越高,离目标会越远。不管是自己创业还是在职场工作,要获得理想的业绩,就要确定正确的方向。把方向找对了,可以"积跬步而至千里"。

内刊采编杨小姐

中文系毕业的杨小姐,应聘到一家集团公司当内刊采编。虽然专业对口,但因缺少实际操作经验,在采编、标题制作、稿件撰写等方面感到吃力,所编的企业内刊也被集团公司高层诟病。

杨小姐听过我讲授《公文写作》课程,所以她就在邮件中向我请教关于企业报刊的新闻采编和标题制作、稿件撰写等方面的知识,还把她编写的文章标题发给我看。

从2006年开始从事咨询、培训工作以来,我接触过不少类似的事情。对学员提出的问题和关于职场高效工作方面的求助事项,我都耐心给予回复。细看杨小姐的邮件,我觉得她编写的标题存在飘浮、空洞问题,缺少文化内涵。于是,我就结合企业内部报刊的行业特点,帮她作了修改。为让她在这方面有所突破,我特意说明原来标题存在的问题和修改的原因。修改后的标题得到集团公司董事长的高度赞扬，这让杨小姐兴奋不已。

在邮件中，杨小姐向我表示感谢，又就"如何提升自己"的话题向我请教。我告诉杨小姐："对入职不久的大学毕业生来说，要努力的地方很多。想快速提升自己，就要找到正确的方向。先把方向选对，然后制订自我提升计划，分步实施，很快就能收到效果。"同时我向杨小姐提出以下三点建议。

第一，用努力提升的信念鞭策自己。

我们知道，一个人的信心和勇气，是做好工作的前提条件。有了信念，我们才会主动寻找努力的方向，才会寻求快速提升的方法。有"努力提升的信念"鞭策，我们的提升就会更快、更好。

第二，请上司或优秀同事帮助指点。

当局者迷，旁观者清。当我们自己不能明确努力方向时，最好请既了解我们状况又思想深邃的上司或同事给出指导性意见，让我们在高效的道路上少走弯路。

第三，选择切合实际的方向。

因为我们选择的努力提升是在不影响工作的前提下，所以，我们更要考虑周全。一旦确定的方向影响到工作进展，我们就要重新考虑。这就要求我们在确定努力方向时，一定要考虑实用性、适用性。让正确的方向引领我们高效工作，高效成长。

杨小姐按照我的建议，开始在采编方面进行自我OJT，很快适应了工作。两个月后，杨小姐发短信告诉我，她主编的报刊得到了董事长的认可，集团管理干部都对其工作给予较好的评价。看得出，她对于企业报刊采编工作的信心更足了。

小陆在职场弯道超车

计算机专业毕业的小陆，在一家服装厂业务部当主管助理。因为专业不对口，他在该职位上感觉吃力。为了可以胜任这份来之不易的工作，他想通过充电提升自己的能力，可是不知道该从何入手。

遇到类似情况的不只是刚入职的大学生，我给高校MBA授课时，也有不少有经验的学员提出此类问题，请我指点迷津。

我告诉小陆应从以下三个方面加强。

第一，先确定学习提升的努力方向。小陆短时期的努力方向，是成为合格的主管助理。

第二，确定学习目标和学习方法。先把做好主管助理工作需要的重要技能罗列出来，再拿自己现有的水平和那些工作需要的技能作比对，然后根据自己的缺失和工作需求，制订切实可行的学习计划，确定有效的学习方法。

第三，扬长避短，主动出击。我建议小陆发挥自己计算机专业的优势，利用网络搜索，将与本单位相关的同行业销售信息搜集整理，然后提供给主管作为参考资料。

小陆采纳我的建议，先将努力方向厘清，然后致力于技能和素养提升，并挤时间搜集相关信息，整理后提供给主管参考。

第一周，小陆搜集的信息不太对路，没有引起主管的重视。小陆打电话给我时，情绪有点低落。我劝他不要气馁，总结搜集信息的过程并和主管沟通，寻找问题的根源，然后思考解决方法。总结后才得知，小陆的问题出在两个方面：一是主管还没适应小陆新的工作方式，所以不太认可；二是小陆搜集的信息和主管想了解的情况相去甚远，主管觉得并不重要，所以没在意。经过沟通，小陆弄清了主管对信息需求的特点和范围，同时也找到了更快捷的搜索引擎，使信息的可用价值大幅度提升。

主管对小陆开始刮目相看了。在以后的时间里，小陆提供的信息越来越及时、准确，为企业销售业绩增长起到了重要作用，主管对他的依赖性也越来越强。

时隔不久，销售主管因销售业绩突出被公司提升为销售部经理。小陆因为自身能力得到了快速成长，也顺理成章地成为销售主管的最佳人选。

刚步入职场的毕业生，常常会遇到小杨和小陆这样的困扰。如果能慎重对待，不断提高工作效率和学习能力，就能快速成长自己。

第三节　工作任务解码好

正确解码上司分配的工作任务，明确任务的目的、工作量、要求、标准、期限等相关因素，是高效工作的前提。

正确解码上司要求

2018年春季，我在汕头市帮助一家物业公司做综合管理提升的"卓越作业绩效"项目。在调研时，董事长说起公司一些管理干部在执行他交办的任务时，虽然也能尽力，但常常会有偏差，有时候甚至偏差较大，造成效率低下，结果不尽如人意。究其原因，是管理干部在解码上司交办的任务时出了问题。

我们要正确解码上司交办的工作任务，需要理解任务的特性，清楚了解上级分配任务的目的、工作量、要求、标准、期限等相关因素。兵法有云：知己知彼，百战不殆。

上司交办部属一项任务，他们常常在心中期望的并不仅仅是让部属完成任务，更渴望部属能超额完成任务，如以最低的成本、最少的人力和最精确的时间，达到最佳的效果。所以，他们在用口头或书面形式安排工作任务时，常常不把"期望"的最佳效果说出来。

企业管理讲究"虚实结合"。我们解码上司交办的工作任务时，也要懂得"虚"与"实"的辩证关系。实，是用数字量化工作任务，做好完成时段、工作量的分解，然后按部就班完成任务；虚，则是要换位思考。此时，我们要站在上司的角度，揣摩一下上司内心期望将任务完成到怎样的状态，然后以最高的效率、最低的成本、最少的人力完成任务，把最好的结果呈献给上司。而有些干部和员工，总是以上司的最低要求作为工作的最高标准，觉得自己能把工作做到60分就是合格，达到80分就是功臣，孰不知，正是这样的错误观念误导了自己。

三朝元老张廷玉

清朝时期，上书房大臣张廷玉在康熙、雍正、乾隆三个皇帝面前都是颇受信任、器重的宠臣。一个汉族人，能在满族皇帝面前享此殊荣，张廷玉创造了官场奇迹。

张廷玉成功的因素有很多，我觉得他能在三个皇帝面前保持极高位置的重要原因有以下五个。

其一，自我提升，综合修炼。可以说，张廷玉在自我提升、成长方面，综合素养修炼到了极致，为做好本职工作打下了坚实的基础。

其二，恪尽职守、高效工作。张廷玉一生奉行恪尽职守、高效工作的作风，也正是这样的工作作风帮助了他。

其三，正确解码圣意，满足皇帝期望。张廷玉善于揣摩圣意，知道每个皇帝对上书房工作的不同要求。不论侍奉哪个皇帝，他都努力跟上皇帝的脚步，按照皇帝的意图做工作。

其四，力求完美、效果至上。张廷玉在上书房工作时，努力超出皇帝的期望，力求尽善尽美。这为他的政绩起到了锦上添花的作用。

其五，追求"公、忠、贤、能"的最佳境界。张廷玉知道皇帝喜欢"公、忠、贤、能"的大臣，所以他坚持不懈努力，向皇帝的期望靠拢。有一次，为了完成一项棘手的工作任务，张廷玉居然昏倒在朝堂上。一个朝廷重臣能这样竭尽全力做工作，让皇帝深为感动。

善于揣摩上意

"揣摩上意"这个词，在一般人心中可能会觉得不阳光、不地道。其实，这是片面的理解。

职场中人，之所以要揣摩上意，是因为上司的类型和做事风格各不相同。比如有的上司性格比较内敛、含蓄，在交办工作任务时，很少说苛刻的话，提苛刻的要求，也不愿将想法完全表达出来，其深意需要下属去领悟；也有的上司在职场工作多年，属于经验型领导，他们不善语言和书面表达，对交办的工作任务，在标准、要求、期限、效果和投入成本等方面，不能详细表达明确。所以，上司的言外之意需要下属在揣摩中正确领悟，精准解码。

了解上司的职业化信息

我们了解上司的职业化信息，不是窥探上司的私人生活，而是出于高效工作的需要。职业化信息包括：专业技术、性格、职位、管辖权限、喜好、个人修养、沟通能力、工作能力、责任心、魄力、领导力、管理方式、职业道德等。

掌握了上司的职业化信息，不但有助于拉近与上司的距离，同时对分析上司指令的正确性、权威性和对交办工作的要求标准也有好处。

判断上司的风格和类型

这个世界上没有两片完全相同的叶子,所以上司的类型也多种多样,风格各不相同。不同类型的上司,在交办工作任务时,其方式和要求也不相同。

如果我们能正确判断上司的风格、类型,就有助于我们正确解码工作任务,提高办事效率和效果。

第四节　实效促进高效率

二十多年前,我在深圳市一家港台合资企业任职生产课长时,以为高效就是最好的工作思路。那时候在车间工作,我总是一溜小跑、风风火火地处理事情。后来我随着职务升高和心智成熟,才明白一个深刻的道理:高效只是条件,实效才是我们追求的最终目的。

工作浮躁的李小姐

十几年前,我在东莞市一家近万人规模的大型台资企业高层任职时,主管两个工厂的生产运营,一个工厂生产陶瓷艺术品,另一个生产玻璃工艺品。因为工作需要,我安排人力资源部招聘了一位李小姐做统计员,协助总统计做其中一个工厂的生产数据整合。

统计员的工作职责,是将各部门的生产数据统计上来,整理成清楚明白的表格,为生产线提供及时、准确的进度数据,也为我统筹生产作参考。

刚入职的李小姐,积极主动,效率极高,统计报表也能及时上交。刚开始时,我觉得李小姐做统计工作比较积极,应该能胜任本职工作,甚至暗自庆幸招到一个好部属。但是随着时间推移,我发现了问题。李小姐尽管追求高效,但对从各部门统计员那里收集上来的生产数据并不认真核实,只是做了基本的数字加减,并没有分析统计数据之间的关联，工作状态比较浮躁，甚至出现数据错误的情况。

实效是高效的基础

对制造业来说，统计员缺乏认真、踏实、斤斤计较的工作作风，是很糟糕的。一旦生产的半成品和成品出现数据差错，造成账物不符，轻则给生产线造成困扰，严重时会耽误订单交货，影响企业信誉，甚至要赔款对方的损失。

有一次李小姐统计的数据又出错了。我不但要安排生产线对实际的半成品、成品数量进行盘点，对出错的产品品号重新建立数据、更正报表，还要安排其他人帮助她重新对各部门上报数据进行详细的检查核实。结果，我们在盘点、检查核对方面花费了相当多的时间和精力。

李小姐这样的工作方式，就是有效率而没效果。我对她要求了几次，也给了她机会，但她依然不能彻底改正。作为负责生产的领导者，我不能因为一个岗位的职员不认真对待工作细节而造成生产数据和报表长期混乱。无奈之下，我只好劝李小姐另谋高就。

第五节　乐为高效找支点

阿基米德说："给我一个支点，我就能撬起整个地球。"高效工作也是一样，必须找到合适的支点和正确的方法。

呼和浩特奇遇

2016年，我应内蒙古一家培训机构邀请，去呼和浩特市给一家从事光伏材料生产的大型企业讲授《生产管理与现场改善》课程。授课安排在上午9：00开始，连续两天。

吃过早餐，机构总经理梁先生开车送我去培训大厅。在车上，梁总忽然告诉我一件很糟糕的事情。

原来，他们机构在一个月前曾请一家名气很大的培训机构的讲师，给这个企业讲过一次课。让人意想不到的是，课程开讲一个小时左右，这家企业的管理干部们竟然直接把讲师轰下台了，因为那位讲师讲授的内容与他们的实际需求相去甚远。

听梁总这样一说，我的头一下大了。问他为啥不早说，他笑着说："早说的话，我怕您感到压力大，不会从广东飞过来。"梁总颇为无奈地告诉我，这家大型企业是他们机构开发的新客户。鉴于上次的课程给那家企业蒙上了阴影，他的团队费了很多努力，才侥幸保住了这家客户。为扳回被动局面，他们通过网络搜索了很多讲师信息，经反复比对，觉得我是最合适的授课讲师人选，就电话邀请我来呼市给该企业管理干部授课。

梁总的做法，给我造成的压力可想而知。于是，我随即做出应对反应：一是接受挑战，既来之则安之，尽力配合机构完成这次培训；二是保持冷静，课程即将开始，心里必须清醒，不能乱了阵脚；三是找出那位讲师被轰下台的真实原因，认真分析判断，然后确定应对方式。

心绪平复后，我向梁总询问那位被轰下台的讲师是哪些环节出了问题，竟至造成那样悲惨的局面。

梁总告诉我，他们事后对问题的原因进行了分析，这家从事光伏材料生产的企业是制造业，那位被轰下台的讲师不是制造业出身，课程内容缺少与制造业相关的案例和管理技能作支撑，那些学员都是生产线干部，觉得讲师讲授的内容对他们没有帮助，是在忽悠他们，所以做出了过激举动。

听梁总做出分析，我心里踏实了。因为我有在企业管理生产线和行政工作十多年的经验，又从事培训工作十余年，不论是课程内容还是授课经验，都有着坚实、过硬的支点，对讲好这两天的课程很自信。

"打鸡血"的培训机构

我对那家培训机构早有了解，他们的董事长（创始人）曾被电视节目主持人梁宏达在《老梁说事》栏目中痛加批判。那家机构的老师在给门店小老板和销售人员讲销售课程方面是强项，这类型的讲师，很善于调剂课程气氛。那个类型的课程，要求讲师很有激情，善于给学员"打鸡血"、做游戏，带着学员高喊励志口号。那样的培训特色是"场面激动人心，但很难落到实处"。

偏偏这家从事光伏材料生产的大型企业是制造业，学员是生产现场管理干部，在文化层次和综合素质方面要高于那些开门店的小老板，培训需求也不同。对于制造业生产管理干部来说，他们需要的培训课程是生产管理技能方面的内容。给这样的企业授课，那位讲师还是用给门店小老板培训的方式来"打鸡血"、做游戏、喊口号，就不合时宜了。

根本原因是那位讲师把课程焦点选错了，所讲课程缺少有力的支点。所以，那样的培训必然会出问题。

培训师的定位

听梁总说出事情真相后，我心里反而有底了。因为我在台资、港资、美资制造型企业和民营企业任职中高管13年，又在咨询行业从事企业管理咨询、培训多年，在我出版的管理著作中穿插的案例有许多来自制造业或生产现场。如果说我对制造业运营和生产管理了如指掌，一点也不为过。

梁总说："刘老师，我们之所以邀您来呼市给这家企业授课，正是看中了您有丰富的制造业管理经验，能够帮我们机构在这家企业挽回上次的尴尬局面。"

事实确如梁总预料，在接下来两天的培训中，我结合制造业的实际情况，深入浅出地讲解生产管理知识和技能，培训效果远超该机构的预期。因为我讲的内容以管理技能为主，穿插的案例来自一线，鲜活生动、贴近生产现场。课程中讲授的人员管理技能、生产管理方法、生产计划编写技巧、生产效率提升措施、生产成本控制手段、生产线7S实施步骤、生产现场改善技能、生产品质控制手段、生产流程优化方法等内容，符合该企业管理干部的实际需求，能立竿见影地帮助学员解决管理中遇到的各种问题。

支点选对了，效率、效果也就相应显现出来了。

参加培训的管理干部近200人，学习的积极性空前高涨。大家积极参与互动，课堂秩序、培训效果超出预期。

几个月后，那家企业又定制了我的课程。

选对支点才高效

以上案例告诉我们，如果工作支点找不对，效率和效果都会大打折扣。那么，怎样找准支点，高效工作呢？

第一，明确工作任务的性质、标准要求。我们在工作任务正式开始前，如果能对工作任务的性质、标准、要求、困难点等相关要素，以及自己完成此项工作的优势、劣势等因素进行精细分析，对寻找高效达成任务的支点会有更大帮助。

第二，分析自己的优势、劣势。对于追求高效的人士来说，能够精准分析自己的优势和劣势，对高效工作的意义非常重要。

第三，确定工作的支点。精准的支点，是高效工作的重要基础。有些人在工作方面操之过急，接受一项工作任务，懵懵懂懂就开始工作了，结果在过程中遇到棘手问题，影响工作效率和效果。

第六节　腾飞效率增业绩

如果把效率和业绩之间的关系比喻为因果关系，效率就是因，业绩则是结出的果。

职场人小郭

小郭大学毕业参加工作一年多了，最近感觉很纠结：一是他的工作像白开水一样平平淡淡，得不到领导器重，看不到发展希望；二是他感觉工作很压抑，没有兴致，每天都应付到下班；三是他想跳槽，可又犹豫不决。刚入职场，会有这样的经历多是一些性格内向、主动性不够的员工。

我告诉小郭，在职场上，最能让领导青眼相看的莫过于以下两点：一是把工作效率提升起来，让领导关注你的工作；二是提高业绩，让领导觉得你是有用的下属。

前几年，涉足职场的年轻人都对被誉为"打工之王"的唐骏先生"羡慕嫉妒恨"，所以我就给小郭举唐骏的例子。

听我说到唐骏，小郭在QQ上发了一个"害羞"的表情，马上打出一段话：唐骏是"打工之王"，创造了中国职场的奇迹。他的成功，被诸多职场人士传为佳话，也是我的职场偶像。

看小郭"上道"了，我也敲出一段话：唐骏能从一个轻狂少年成长到与比尔·盖茨共舞的职场大腕，他的职场生涯充满了传奇色彩。

小郭发了一个"难过"的表情：时代不同啊！唐骏的机会好，基础也好，我是望尘莫及的……唐骏不但能进入微软工作，又在盛大、新华都这些大公司当总裁，而我只是职场上一个小虾米……天壤之别。

我觉得小郭的心态不够阳光，影响到了工作主动性，需要开导，于是敲出一段字：你说的只是唐骏通过艰苦努力后获得的成功，其实在之前，他和你一样，只是个普通职员。刚进入微软Windows研发团队时，他只是三千多个工程师中的一员，还是倒数第一。唐骏在微软的成功，是靠勤奋和肯干做出了突出的业绩。

小郭马上敲出字：刘老师，请您指点一二。

我告诉小郭：建议你在关注唐骏成功结果的同时，更要多研究他成功的原因——靠努力提高了工作效率，做出让同行们啧舌羡慕、让领导由衷点头赞许的骄人业绩。

我是管理培训师，自然有好为人师的毛病。为了给小郭更有效的启发，我从以下三个方面总结了唐骏在职场的成功要素。

卓越的学习精神

唐骏1980年考入北京邮电学院，1985年赴日本留学5年，获得计算机专业硕士学位。

1990年，唐骏到美国留学，获得计算机博士学位（其间还创办了三家公司）。

为了学习世界顶尖管理模式，唐骏放弃自己的公司，加入微软。为缩小与同事的距离，唐骏在5个月内完全放弃休息时间，拼命学习Windows研发理论。

1997年，唐骏回到中国上海，担任微软公司大中华区总经理。2002年，唐骏出任微软中国公司总裁职务，他一直都在学习中。

2004年，唐骏离开微软，出任盛大网络公司总裁。2008年从盛大卸任后加盟新华都公司总裁兼CEO。

这期间，唐骏一直都在学习。

如此卓越的学习精神，不但提高了唐骏的工作效率和业绩，也使他走向更大的成功。

探索职场成功法宝

如果说勤奋学习让唐骏获得了更多的知识和技能的话，肯干，则让他的业绩卓尔不群。

在美国读书初期，唐骏一边努力学习，一边挤时间进行"卡拉OK评分器"软件的研发，成功后以8万美元卖给三星公司，这让唐骏在美国赚到了人生第一桶金。之后，他先后注册三家公司。

有勤奋学习和肯干这两个职业素养作支撑，唐骏的三个公司生意也都不错。这使他在读研究生期间就拥有了百万美金的物质财富。

加入微软后，唐骏又靠勤奋学习和肯干，攻下了WindowsNT和WindowsXP系统，成为微软的大功臣。

用高效促进业绩增长

如果说唐骏在微软的成长是用惊人的效率和骄人的业绩换来的，一点也不为过。唐骏的工作效率在微软公司是得到上司首肯的，他的业绩更为微软的最高管理层所折服。

研发WindowsNT时，他不但为微软创造了数十亿美元的业绩，还使研发团队从三百多人减少到二十多人，为公司节省了上亿美元的成本。

由唐骏主导研发的WindowsXP系统，实现了中文版本与英文版本同步上市的极高效率。之前，要在英文版上市后9个月甚至1年以后，中文版才能上市。这样的效率为微软占领市场创造了极佳的商机。

担任微软大中华区总经理后，唐骏领导的大中国区技术支持中心从几个人发展到四百多人，后来又成为微软在美国总部之外唯一的全球技术支持中心。微软中国在唐骏领导下，连续6个月业绩创微软分公司历史最高纪录。

认真分析完唐骏在职场成功的重要因素，我告诉小郭：要得到领导器重，必须最大限度提高工作效率，做出好业绩来。

小郭明白了我的意思，发了个"OK"的表情，接着快速打出一排字：刘老师，谢谢您化解了我心中的结。我知道该怎么做了。

第七节　高效者的时间观

万达掌门人王健林工作行程安排的帖子曾在网上被炒得火热。所有在事业上有成就的人，都有很强的时间观念，他们不单注重效率，更注重工作效果。

和台湾经理打赌

我在港资台资企业和美资企业任职多年，对时间有了不一样的认知。

二十三年前，我在东莞市一家港台合资企业任课长时，顶头上司是刚从澳大利亚留学回来的中国台湾地区经理，英文名叫杰森。杰森学的是管理专业，时间观念非常强。

一次，杰森请我帮他做一件跟我的岗位职责无关的事，我欣然接受了。杰森问我什么时候能做好。老实说，我当时的时间观念是从内陆带到广东的，虽然有了一些改观，但依然不强。

我含糊其词地对杰森说："明天或后天吧。"

杰森马上追问："是明天还是后天？"

我略想一下，说："明天吧。"

杰森又问："明天什么时候？"

听杰森这样问，我马上意识到他是时间观念很强的人，于是立刻纠正："明天下午完成。"

杰森继续追问："明天下午几点？"

"3：00。"

"OK。"杰森点点头，走了。

所有从内陆到沿海地区工作的人，都会自觉或不自觉地经历"时间观念"的洗礼。可以这样说：没有时间观念的改变，就难有在沿海地区升职、发展的机会。

我和杰森的故事还在继续。

答应杰森后，我就开始做他交代的事情，第二天下午2：30之前就完成了。

下午2：40，杰森的助理找到我："刘课长，您答应帮杰森做的事情，进度怎么样了？"

我伸手打个OK动作："可以交差了。"

杰森的助理冲我神秘地笑一笑："看来是杰森赢了。"

原来她和杰森打赌，赌我是否能按时完成任务。

杰森的助理预估我不能按时完成任务，是基于她对内陆人的了解。她本身也是从内陆来到广东工作的，知道内陆人的时间观念相对淡漠。其实，她自身的时间观念原本也不强，只是近期给杰森当助理，在杰森严格要求下有了很大突破。

杰森打赌我能如期完成，是因为他在交代事情时一步步对我进行"时间"方面的启发，并注意观察分析我的表情和心态。他当经理时间虽然还很短，因为我是他的直接部下，他对我的做事方式和工作态度是很了解的。当然，更重要的是，我是全公司近千名大陆从业者中唯一成为课长的人（当时全公司只有一个课长，有几个台湾方面派来的干部还是我的部下），如果没有很高的学习、工作能力和积极心态，我是不可能脱颖而出的。杰森的直觉告诉他，我会配合他的工作，会想尽办法完成任务。

每当我们在时间观念方面出问题时，上司和部属都应该反思。

部属要反思的是：你的时间观念淡漠，做事的效率低下，只能怪自己不能顺应职场需求，不能怪上司不器重你。最好的改善方法是更新自己的时间观念，克服等、靠、依赖的消极思想，检讨自身的缺失，将自己的工作进行分解、归类，认真利用好时间，让工作高效起来。

上司要反思的是：部属缺少时间观念，你作为上司有没有尽到培养、引导、启发的责任？不要一味埋怨部属效率低下，换个角度看，可能是上司没有尽到培养的责任。

要让自己的团队业绩成长，上司一定要对手下人努力教化，强化下属的时间观念、学习意识、敬业精神，端正工作态度。

当我向杰森汇报他交办任务的结果时，杰森说出了他的真实目的。原来，他是为了培养和强化我的时间观念。

我从杰森那里得到时间观念的教益，也和我的部属分享。在我的引导和启发下，我的许多部属也在时间观念方面得到加强。后来，我当了经理、总经理，也同样在启发部属的时间观念。

从事企业管理培训、咨询工作后，我就开始在时间观念方面启发学员。从自己注册公司起，我既要继续讲授企业管理课程，又要撰写一些经济管理的书籍，还要打理公司事务，时间就更加紧张了。当看到一些人把大把的时间花在打牌、闲聊、喝酒上面，我从内心为他们惋惜。

在给企业管理干部授课时，常有学员请教有效利用时间的方法，我介绍过表格记录分析法、工作状态对照法、工作时间合理安排法、工作分类法，在此摘录供读者参考。

表格记录分析法

表格记录分析法（如表3-2所示）需要对正在做的工作进行记录、总结，通过总结、分析，找出事物间的内在规律，并从中找到高效做事的规律，然后从细节入手，提升工作效率。

表3-2　工作时间记录分析表

时段	工作内容	使用时间	中间插入事项	评语
8:00～9:00		小时		
9:00～10:00		小时		
10:00～11:00		小时		
11:00～12:00		小时		
总结				
13:00～14:00		小时		
14:00～15:00		小时		
15:00～16:00		小时		
16:00～17:00		小时		
总结				
18:00～19:00		小时		
19:00～20:00		小时		
20:00～21:00		小时		
21:00～22:00		小时		
总结				

工作时间记录分析表使用说明：

第一，利用此表对每天的工作时间做详细记录，记录周期以2～4周为宜，然后进行归纳，找出哪个时间段是我们做哪项工作效率最好的时段,以后尽可能在那个时段去做类似的工作。

第二,必须保证记录内容的客观性和真实性。

第三,对记录内容认真比对,找到具有关联性的内在规律,归纳出客观、适用的工作时段,为后续的工作安排打好基础。

工作状态对照法

我们的工作状态常常会受注意力强弱的制约。注意力强时,工作状态好,做事情效率就高;反之,效率会受到影响(如图3-2所示)。

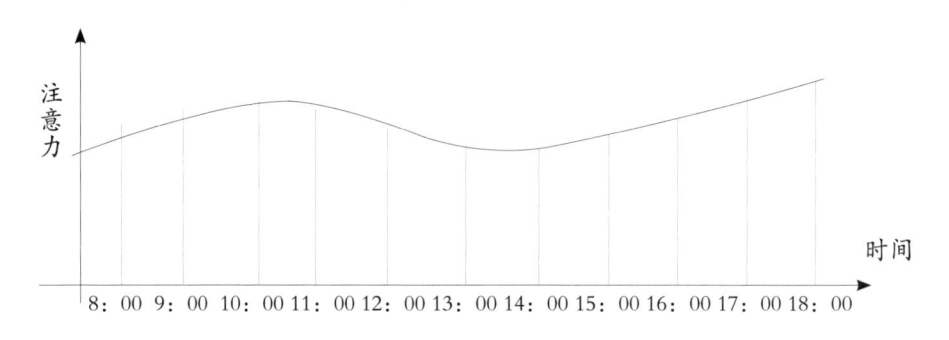

图3-2 各时段工作状态曲线图

图示说明:

第一,图中的曲线表示注意力变化:曲线上弧表示注意力好,下弧表示注意力差。

第二,下边带箭头直线,表示时间节点。

从图3-2各时段工作状态曲线图可以看出,我们工作注意力集中的时间段:上午在9:00 ~ 11:00之间,10:00工作状态最佳;下午在16:00以后,17:00 ~ 18:00工作状态最佳。如果我们将脑力劳动的工作安排在精力充沛的最佳工作状态时段,而用其他时段处理体力劳动的工作,我们的工作效果就会更好一些。

以我为例。我是从事脑力劳动的,既要做企业管理培训工作,又要撰写经济管理类书籍，还要操心自己公司的运营情况，我要高效工作，就要找出自己的最佳工作状态时段。我写作的高效时段在 16：00 以后，17：00 ~ 19：00 的思维状态最佳，所以在这个时间段，如果没有特殊的事情，我是一定要写作的。至于整理讲课的教材，因为有参考资料，所以我要安排在其他时段。

工作时间合理安排法

根据《工作时间计划表》，科学、合理地安排每天的工作时间，能让每一个工作时段都产生最佳的工作效果，让有限的时间得到高效利用（如表 3-3 所示）。

表 3-3　工作时间计划表

年　　月　　日

序号	工作内容描述	起止时间	使用时间	优先顺序	备注
1					
2					
3					
4					
5					
6					
7					
8					
9					
10					

说明：

第一，使用此表时，最好能结合自身工作状况和工作性质分类，根据具体工作内容，合理安排时间段，以期达到事半功倍的效果。

第二，按照工作的重要性和紧迫性分类，能使工作效果更好。

工作分类法

将自己的工作按照重要性、紧迫性等进行分类，也是提高效率和效果的方法之一。分类等级可以酌情掌握，如按重要性分类：很重要、较重要、一般等；按紧迫性分类：很紧急、较紧急、一般（如表 3-4 所示）。

表 3-4　工作分类表

重要性 紧迫性	很重要	较重要	一般
很紧急	很重要+很紧急	较重要+很紧急	一般+很紧急
较紧急	很重要+较紧急	较重要+较紧急	一般+较紧急
一般	很重要+一般	较重要+一般	一般+一般

说明：

第一，此表中，在重要性和紧迫性交汇处，产生许多个级别。

第二，对照工作事项，将相关工作内容填写在对应空格内。比如很重要+很紧急的事项，是我们必须优先安排完成的。

让效率意识贯彻始终

在这里强调时间观念，其目的就是要在有限的时间内做更多的事情。所以，时间观念和效率意识是密不可分的。

在工作中，能将效率意识贯彻始终，自然就能很好地利用时间。我们在平时就要不断地提醒自己注意时间、效率，让工作真正高效起来。

第八节　给"老黄牛"插翅膀

20世纪80年代末，我从事新闻写作时，曾多次在新闻报道和文学作品中赞扬过"老黄牛精神"。在国人心目中，"老黄牛"是吃苦耐劳、任劳任怨的象征，素为人们所称道。而在当代社会，不管你是在商海拼搏还是在职场工作，昔日曾被广为弘扬的老黄牛精神，都跟不上时代脚步了。

现在企业在甄别员工时，已经颠覆了传统的老黄牛精神观念，而是希望得到"插上业绩翅膀"的高效率"老黄牛"。

领导的期望

我在珠海讲授《低成本卓越现场管理》课程时，询问过一位企业老板："你希望下面的人是什么类型？"

那老板笑着说："刘老师，说心里话，我希望下面的人个个都是会飞的老黄牛。"

我又把同样的话问一些企业干部，得到的回答是：希望下面的员工工作高效、服从性强、忠诚、不抱怨、任劳任怨、能跟上上司的脚步……

总结一下会发现，干部们说的这些特点，和那个老板的回答几乎如出一辙，只是表达的方式不同。不管是干部还是老板，大家都希望自己的部下任劳任怨而又效率极高。

王师傅的老黄牛精神

我在佛山讲授《生产效率提升与成本降低》课程时，一位在家具厂当经理的学员，分享了他们工厂发生的一个案例。

该企业有位王师傅，做了十多年的封边工。他每天准时上下班，按部就班做事情，加班也没有怨言，既不对抗领导，也不做违犯厂规厂纪的事，但是工作水平只处于中等。

前不久，王师傅找到经理申请加工资，理由是有两个比他进厂晚几年的封边工都得到了加薪机会，他这个老员工却没能加薪。王师傅委屈地对经理说："我的工资这几年一直原地踏步，最近一次加工资也是4年以前了。"我管理企业很多年，后来从事企业培训、咨询工作，所以很清楚这种情况。可以说，很多单位都存在王师傅这样的职工。他们是老实听话的守法员工，任劳任怨，业绩不好也不坏，一直默默无闻地工作着。

据那位经理学员介绍，王师傅是工友眼中典型的老黄牛，踏踏实实地工作，对领导对工友都是一团和气，虽然没有做出大成绩，可也没有给单位造成过大损失。我问那位经理学员："站在领导角度，你怎样看待这个问题？"

经理说："王师傅在工厂干了十几年，是工龄最长的老员工之一。但除工龄之外，他几乎没什么优势可言。尽管他在工作时踏踏实实、不偷懒、不抱怨，但他不善动脑筋做事，技术水平一般，工作效率偏低，业绩平平。就工龄优势而言，公司已经把工龄补贴费计入年资发在他工资里面了。"

面对提出加薪要求的王师傅，经理左思右想，找不到给他加薪的理由。至于王师傅提出的"有两个比他进厂晚几年的封边工都加了工资",那是因为那两个员工是从别的家具厂转过来的熟手,他们的工作效率远在王师傅之上。在描述那两位员工的做事方式时,经理说:"人家善于动脑筋,工作有条有理、忙而不乱。同样一批板材,他们两位在白天8个小时就能完成封边任务,王师傅就算很努力地做,也没办法在白天完成,只能晚上再加两三个小时的班。"说到这情况时,经理满脸无奈:"虽然这几年没有给王师傅加工资,但公司把他多用的工作时间换算成加班费计算进工资,公司实际付给他的薪水比那两个加薪的员工还要多一点。何况他在加班时还要另外耗费公司的照明电和其他管理费用。"

事情的结局是,王师傅提出的要求被回绝了。

其实,像王师傅这样既有工作经验,技术水平也不差的员工,只要能提升对"高效工作"的认识,在做事前动脑筋想想提高效率的方法,工作业绩很快就能提升起来。等做出成绩了,再找领导谈加薪的事,那成功的概率就会很高。话说回来,对在工作中创造良好业绩的员工,领导都会青眼相看。当你的工作效率和业绩提升起来时,可能不用你开口,领导就会在工资待遇方面给你一个公道。

讲完案例,那位经理学员希望我能给王师傅这个类型的"老黄牛式员工"指出提高工作效率的方法。我建议从三个方面加强:学会"投机取巧";选对高效工作路径;更新陈旧观念。

学会"投机取巧"

投机取巧,这个词在传统语境里是带有贬义的。而针对老黄牛类型的员工来说,学会投机取巧很有积极意义。老黄牛式员工的特点是埋头苦干。正因他们只知道苦干,在寻找简单易行的方法方面,就逊色于头脑灵活的员工。

站在提高工作效率的角度，我们分析一下投机取巧的积极意义。投机，就是把时间和精力投入在最有利的时机上，抓住有利时机做相关的事情；取巧，则是选择巧妙的方法。工作要实干，更要巧干。能把"实"和"巧"巧妙结合起来的员工，才是高效的员工。

选对高效工作路径

老黄牛在拉车上路时，喜欢走熟悉的路。但熟悉的路常常不是最便捷的近道。要高效工作，选择路径很重要。

在开展工作前，如果我们能在"快"和"省"方面动动脑筋，可能就会找到更高效率、低成本的方法。这就是"会选路径"比"会拉车"更重要的道理。

更新陈旧观念

我曾问过一位经理学员："老黄牛式的员工为什么不喜欢动脑筋找方法？"

他说："因为他们没有找方法的习惯。"

我再问："他们为什么没有养成先找对方法再做事的习惯？"

他想了想，说："在他们的思想观念中，吃苦耐劳、任劳任怨、善于出大力流大汗才是老黄牛精神。"

我给那位经理学员点赞。他说得对，老黄牛式的员工，一定要在更新观念方面突破自己，既要学会在工作中选路径、投机取巧，也要改变一个认识：在企业里只有功劳没有苦劳。只有那些给企业创造更多效益的员工，才是企业最需要的人才。

第九节　定位精准才高效

我国的北斗卫星系统投入运行后，强大、精准的定位功能，为我们的工作、生活提供了极大的便利。不管要到多么陌生的地方，只要在手机上打开地图功能，对目标做好定位，我们就能跟着卫星导航快速到达目的地。

经营事业和职场工作也是一样的道理：精准的定位，能让我们准确解码目标任务，科学规划工作时段，确立正确工作方法，快速达成工作目标。

让我尴尬的编剧定位

我喜欢写作，也在写作方面取得了不错的成绩。但在前几年，我却在剧本创作方面走了弯路。

我心里一直装着一个文学梦，想在文学创作方面有所建树。十多年前刚从一家大型台资企业离职时，那个中断了多年的文学梦又在心中复燃。过去专门学习剧本写作，又觉得以前在港资台资企业任职时耳闻目睹的港台商人之间的竞争手段富有很强的戏剧色彩，于是我便决定以自己曾经任职的港台企业为故事主线，创作一部大型电视连续剧。

那时候，我的电脑基础不好，打字速度很慢，更不用说直接用电脑写作了。所以，我一次性买了20本方格稿纸，采用多年前练就的"爬格子"写作方式，一行行一页页一本本地往下写。写了两三万字时得到消息：出版社和新闻媒体开始提倡电子文档交稿方式，手写文稿提交效率太低，若干年后将被淘汰。我便强迫自己练习打字速度，等把稿纸上写的两三万字手稿打完，速度就越来越快了。接下来，我开始适应直接用电脑写作。

几个月后，一部长达三十多万字的三十四集电视剧本，在我的电脑上完稿了。接下来便是寻找制作单位和导演的艰辛过程。事实告诉我，创作剧本很辛苦，要找到投资人拍摄出来则更加辛苦。毫无疑问，我对电视剧创作的定位既没效率，也没效果。

于是，我开始重新审视电视剧市场和我的写作方向。那时候，我还没有进入培训、咨询行业，掌握的管理分析工具只有SWOT分析法。于是我就按照SWOT原理，对自身优势、劣势、现实情况和电视剧市场进行深入分析，然后重新定位了努力方向，写作效率和效果也逐渐明显起来。

对自主经营者来说，精准定位能让努力工作产生高效的价值，但不是每个定位都精准的。当一个长效性的工作进行到一段时间时，就要检讨工作的效率和效果，以便确定是否调整方向或修正目标计划。

借助SWOT分析定位精准度

前些年，我主导企业管理咨询项目时，常常借助SWOT分析法帮助企业梳理、制定战略规划，这是简便实用的管理工具。

SWOT分析法也被称为态势分析法，即优势S（strengths）、劣势W（weaknesses）、机会O（opportunities）、威胁T（threats）。

如果将SWOT分析法分为两个部分看待的话，SW是用来分析自身条件的，OT可用来分析外部环境。当我们把自身条件和外部环境都分析透彻时，确定目标和行动方案就有了正确的思路和准确的方向。

我运用SWOT分析法为自己的写作确定方向，也收到了事半功倍的效果。

分析自身条件和外部环境

按照SWOT分析法操作顺序，我对自己创作电视剧本的优势、劣势、机会、威胁等进行梳理、分析。

第一，自身条件分析。

优势。我创作电视剧本的优势有两点：一是我在多年前学习过剧本写作，也有文学功底，在剧情设计和情节冲突安排方面，少走弯路；二是我的阅历丰富，有写作小说的经验，知道在故事中安排人物冲突使之产生戏剧效果的写作技巧。

劣势。在创作电视剧本方面，我的劣势有以下三点：一是我对电视剧的走向趋势知之甚少，跟不上主流和趋势；二是我的经历适合写商战、官场方面的题材，而这几年官场题材的电视剧在拍摄、发行方面审批极严，商战题材的电视剧不好发行，那几年的主流影视剧是战争和抗日题材；三是我不认识制片人，也不认识知名导演，创作出的剧本很难拍摄出来。

我把优势和劣势罗列出来进行对比，很明显的反差是：劣势大于优势。

第二，外部环境分析。

机会。我创作电视剧本，生活积淀厚实，题材来源于生活，接地气，拍摄成本低。

威胁。站在市场发行角度衡量，不合主流，在故事跌宕起伏方面逊色一些，情节的张力不够，收视率不会很高，发行会有风险。所以，我创作的剧本不好找投资人。

分析后的结果很明显，在创作电视剧本方面，我的劣势远大于优势。也就是说，我在定位方面出了问题，从事电视剧本创作，短时期内很难收到良好成效。

对于需要耗费较长时间才能完成的工作任务，我们在进行到一定时间段时，需要审视一下取得的阶段性成效。如果成效不理想，就应该停下来检讨我们的工作方向和方法。

高效的图书出版定位

分析结果出来了，我必须面对现实，及时调整写作方向。

我的研究方向是企业管理，文风严谨。由于在企业任职高管多年，又在培训、咨询行业深耕日久，作品语言说教味偏重，适合从事企业管理、职场书籍写作和文风比较严谨的文学创作。这些年，出版界不太看好那些文风严谨的长篇小说，所以我只能把写作重心定位在企业管理、职场书籍方面。

重新调整了写作定位，我在写作方面的效率非常快，效果也超乎想象。

2011年11月，《带着答案来找我》在广东经济出版社出版，这是我第一本正式出版的图书。

2012年5月，我在企业管理出版社出版了《跟上上司脚步：高效工作密码》。

2013年是我出版企业管理书籍的丰收年，当年出版3部作品。《适用的才是最好的：中小企业管理之道》中国电力出版社出版，

《做正能量员工》广东旅游出版社出版,《给你一个团队,如何提升士气》人民邮电出版社出版。常州信息职业技术学院经贸管理学院将《适用的才是最好的:中小企业管理之道》一书选定为该学院(企业管理)专业《中小企业管理剖析》课程教材,从2014年使用到2017年。

2016年6月,我在广东经济出版社出版《微利管理》。

现在,仍有两部已完成的企业管理书稿在和出版社商谈出版事宜。

这样的高效率好成绩,正是建立在我对写作进行精准定位的基础上实现的。

第四章 十项技能促高效

在这个工作讲效率、信息大爆炸、知识变财富、方式多元化的时代,掌握高效工作技巧,会助你成为时代的弄潮儿。对于普通人来说,不管是自己创业还是在企业就职,谁掌握了高效工作的技能,谁就掌握了工作的主动权,成为新时代、新趋势、新潮流的领军者。

我在一家生产皮具的港资企业从事管理咨询时,曾建议总经理对行政部经理给予降级使用,其原因就是行政部经理在工作效率方面难以让人满意。每次安排她的事情,十有六七不能如期完成,而且会找一大堆的借口。这样的职员当经理,行政部的工作可想而知。因为面子上过不去,这位行政部经理在被降职的第二天就递交了辞职信。我们给行政部新招聘了一位注重高效和实效的经理,行政部的工作局面很快就打开了。在高效经理的带领下,行政部的所有职员工作效率得到不同程度的提升,为企业高效运营起到了很好的促进作用。

我们所处的时代,是强调效率的高效时代,也是重视效果的务实时代。所以,关于效率的话题是人人都不能回避的。

第一节 职场纵横,绷紧效率这根弦

对于个人成长来说,效率观是非常重要的,它可以通过不断学习逐步升华。当我们树立起正确的效率观时，就能从内心世界给工作打上高效的烙印。

与此相反的是，没有效率作基础，我们就会成为职场的被动者。

胡小姐的职场沉浮

胡小姐初中毕业就出来打工，凭着过硬的彩绘技术，从一线员工成长为班长、组长，也算小有成绩了。之后，胡小姐跳槽到东莞市一家正在筹建的生产陶瓷工艺品的大型台资企业，任彩绘部主管。她忠诚可嘉、任劳任怨，深得领导的信任。几年后，胡小姐就成为元老级干部。

随着公司规模扩大，彩绘部从原来的三百多人扩充到将近一千人，部门也由一个裂变成两个，分为A、B部门。胡小姐被公司任命为彩B部门主管，管辖员工近五百人。

两年过去了，公司规模再度扩大，彩绘部扩充到一千八百多人，部门裂变成三个，分为A、B、C部门。为了提高陶瓷产品档次，公司确定彩C部门为釉下彩生产线，生产高端陶瓷，并聘请一位富有釉下彩生产经验的资深人士担任该部门主管。胡小姐仍担任彩B部门主管。

尽管胡小姐一直深得领导的器重与信任，但作为资深主管，她的工资与后来入职的两个主管相比，却有一定劣势。在胡小姐看来，工资高低，代表着公司对职员的认可程度，也是衡量工作价值的重要标准。自己的入职时间要比彩A、彩C部门的主管早几年，彩绘技术也过硬，自己的工资理当高过他们。胡小姐感觉很委屈，就找领导诉说此事，结果却让她郁闷不已。

领导不同意给胡小姐加薪，并告诉她不加薪的两个理由：其一，彩A和彩C部门的主管虽然比胡小姐入职晚几年，但他们都是大专毕业，在别的公司做过比彩绘主管更高的管理职位，占有学历和综合管理优势；其二，彩A和彩C部门的生产效率比彩B部门高，这说明那两个主管更注重管理方法，给公司创造的价值比胡小姐大。

基于上述因素，公司领导在制定工资标准时，进行了综合考量：彩A部门主管在学历和同职位任职的经历优于元老级干部胡小姐，公司将其工资与胡小姐拉平；彩C部门在三个彩绘部门中技术含量最高（生产釉下彩产品），彩C部门主管不但学历和陶瓷专业综合技术高于胡小姐，而且在别的企业担任过更高职务。所以公司在工资定位方面，给予彩C部门主管的标准高于胡小姐，这让胡小姐更不平衡。

为了不让胡小姐为此事耿耿于怀，领导劝诫胡小姐："生产部门主管的特性和职能使命，要求主管不只是专业技术过硬和兢兢业业做事，更重要的是能采用可行的、高效的管理措施调度生产，用有效的工作方法管理和协调人力，将部门所有人员的积极性调动起来，将生产安排顺畅，最大限度地提升生产效率。部门主管要学会用有限的人力、设备、空间、技术，为公司创造更大的经济效益。"

领导的一番话，让胡小姐明白了一个道理：不管资历多老的干部，如果负责的部门效率低下，在公司领导面前就没有发言权。

不一样的效率观

有这样一母同胞的两兄弟，因为各有特色，常常被邻居说起。大哥身高170厘米，性情温驯，做事四平八稳，效率观念较差；弟弟身高不到165厘米，充满激情，效率观念强，与大哥形成鲜明的反差。

大哥虽然个高年长，尽管每天像老黄牛一样踏踏实实地干活，效果却不好，常常受到爹妈的指责。

一次，老爹安排两兄弟用架子车往地里送土粪，因为性格不合，做事的方式相差太大，两兄弟不愿合作，将老爹分配的任务二一添作五，各干一半。有趣的是，在他们送粪的路上，有一段10米左右的斜坡要爬。而这道斜坡，也成为检验两兄弟效率观和做事方式的重要载体。

我们先看大哥是如何做的。他性情温驯，不管做什么事，都是四平八稳，一副暮气沉沉、老态龙钟的样子。在拉着送粪车爬坡时，他也像在平地拉车一样，一步一步往上爬，显得很吃力。斜坡虽然不长，但每次爬完，他都累得满头大汗，要停下来休息一会儿。

再看弟弟，他虽然个头矮小，激情却很高涨，做事注重方法和效率。同样是这一道斜坡，他每次爬时，都会在20米外开始加快速度，增大车轮的惯性。在惯性作用下，架子车上的土粪好像重量减轻了一般，被他轻而易举地拉上坡顶，片刻不停继续前进。

事情的结果是，老爹分配一天的送粪任务，个头矮小、年龄刚满20岁的弟弟在下午三点多就干完了。而身材高大、年长几岁的大哥却等到晚上上灯的时候才勉强完成。如果站在效率的角度衡量，当然是弟弟的做事效果可圈可点。

其实，许多成功人士，也常常得益于他们的效率观比别人棋高一着。地产大亨许家印、王健林是高效人士；海尔集团总裁张瑞敏倡导的"日事日毕、日清日高"是正确的效率观；"台塑大王"王永庆奉行的"把复杂的事情简单化"是倡导高效率工作；日本丰田汽车公司的大野耐一创立的"精益生产"模式，旨在追求生产效率最大化……

对职场人士和创业者来说，唯有树立起高效工作的理念，才会主动寻求快捷的工作方法，创造出理想、高效的业绩。

第二节　巧管时间，工作过程见高效

我们身边有一些人，他们崇尚勤奋，却不善于利用时间。我们称这类人为"低质量勤奋者"。

不善于利用时间的勤奋，不过是营造了一个"我在努力"的幻觉。良好的时间观念，能让我们的工作更有效率，生活更有规律。有人说"时间是我们工作中可资利用的特殊资源"，要提高工作效率，科学的时间管理必不可少。

台湾家长的时间观

我创办的名儒教育机构里有一位台湾女学生，利用假期参加书法班学习。该学生住的地方距离机构十多公里，但她每天都把时间把握得很准，在课程开始前两分钟准时到课室。

我的时间观念比较强，对遵守时间的人，我会从心底里欣赏他们。当那位台湾学生第三次提前两分钟到达课室时，我就开始留意此事了。原来，该学生的爸爸为了不让她耽误时间，每次都会开车提前送她过来。上课时间快到时，该学生就下车上楼开始学习。

"遵守时间"的工作理念，说起来很简单，但有太多的人做不到。对于高效工作来说，养成良好的时间观念，是很有必要的。

将时间管理融合在工作当中

事实证明，工作高效的人士，都是善于利用时间并且注重时间管理的。聪明人会做好以下几个方面的工作。

第一，将工作事项整理分类。

在日常工作中，我们常常看到这样的情况：有的人工作开展得得心应手，事务处理得井井有条，业绩非常可观；而另有一些人却显得力不从心，工作效率和质量都大打折扣。

细细观察就会发现，工作井井有条、业绩非常可观的人，是懂得对工作整理分类的人。他们会按照重要程度和时间要求，将工作分出主次和先后，然后进行统筹安排。另一种人则缺少这方面的意识，工作处于无序状态，所以很难高效起来。

例如办公室工作，我们就可以按照"事务型"和"思考型"将其分为两个大类。事务型工作。如填写工作报表、收发E-mail、整理备忘录、处理信函等。这些常规性的工作因其性质相近，可以将其划为一个大类，集中整块的时间处理（甚至可以安排情绪不佳的时候或零碎的工作间隙来完成）。思考型工作。这类工作需要动脑筋，要有灵感作依托才有效率。这类工作要安排在头脑清醒、精力充沛、没有干扰的时间段去做，才会有效率。否则，一旦思路被打断，就要花时间重新梳理，既浪费时间，又消耗我们的精力。

第二，认真分析工作重点、难点。

有工作经验的同仁会发现，我们的工作常常存在以下情况：有些工作较为紧迫，必须马上完成；有些工作可以适度放缓；有些工作要求精度很高，需要用心做细做好；有些工作不必花费太大精力；有些工作非一人之力所能解决，需要借助他人或者团队的力量。如果我们能对工作进行认真分析，找出其中的重点、难点、紧迫性，就可以更科学地安排工作完成的具体时间和做法。对那些需要制订工作计划的重要工作，有了前面的梳理分析，就能为制订计划提供可行的参考依据。

第三，制订相应的工作计划。

导入有效的计划，能让工作有条不紊地展开，减少盲目性和工作遗漏。制订工作计划时要注意以下两点。

有效性。任何计划都要具备有效性，所以要考量好完成任务的时间，先梳理工作内容，将要做的工作按照轻重缓急进行划分，合理安排具体时间。有些较特殊的工作，还要考虑多投入时间和精力。

可行性。工作计划不是做给别人看的，是高效工作必不可少的科学管理手段，所以要求能切切实实地执行，不能有应付的心态。

第四，加强完成任务的紧迫感。

工作计划一旦确定下来，就要加强执行。因此要有紧迫感，学会给自己施加压力。

好方法是省时高效的宗师

要实现工作高效，除了以上努力之外，还要学会变通，寻找行之有效的第二条或第三条路，这就是随时调整工作方法，保证效率，让有限的工作时间产生应有的价值。

在东莞市一家规模较大的港资金属制造公司就任生产经理的谭先生是香港人，年龄已近六十岁，经验丰富但管理方法守旧。我在该公司指导管理变革项目时，与他打交道较多。

当时，公司要对生产车间推行标准化战略。该公司原本推行过7S管理，因推行方法不对，所以收效较差。谭先生也因此受到老板的质疑。

按照管理变革的标准化战略，需要在生产车间重新推行7S管理，为标准化战略落地打下基础。谭先生曾因此事受到老板的质疑，于是就向我诉说他们推行 7S 管理的困惑，请我指点一二。

其实，不管是推行 5S 管理（整理、整顿、清扫、清洁、素养）还是 7S 管理，最重要的都是"素养"这个要素。因为实施 5S 和 7S 管理的关键是要做好整理、整顿、清扫、清洁后的维持工作，所以要让车间所有员工都认识到实施 5S 和 7S 管理的好处，并培养他们遵守纪律、规则和维护成果的自觉性，让大家共同维持那些来之不易的成果。如果不在"人"的思想意识方面加强，其他项目做得再好也没有太大意义。

在培训课上，我也向学员提出：要在实施 5S 和 7S 管理工作中取得良好业绩，一定要从"素养"这个关键要素入手，先解决"人"的问题。据此，我建议谭先生调整工作方法，将原来"七个项目同时推进"的做法调整为重点加强"素养教育"，提高干部和员工的素养。谭先生接受了我的建议，将其他六个项目暂停，重点实施素养教育。等大家对实施 7S 管理的重要性充分理解了，提高了认识，我又建议他们选择一个部门作为实施 7S 管理的示范点，并要求示范点对每一个项目进行细节分解，将所有的细节做到位。谭经理要求示范部门严格按照标准操作，很快收到了不同寻常的效果，在公司标准化管理中树立了典范。

紧接着，我建议谭经理带领各部门管理干部到示范点参观学习，对关键环节作强调要求。这样一来，各部门的干部、员工不但提高了对 7S 管理的认识，也掌握了实施 7S 的步骤和操作技巧，从而减少了盲目性。在时机成熟时，该公司全面导入 7S，收到了很好的效果。公司老板对谭经理彻底扭转 7S 困局的工作效果给予很高评价。

以前推行 7S 管理，耗时一年多，效果很不理想。工作方法调整后，短短三个月时间，现场管理效果远胜以前。谭经理算了一笔账，采用调整后的正确方法，工作效率要比原来的方式提高 5 倍以上，既节约了大量的管理成本和人工、物料成本，时间的价值也充分体现出来了。

谭经理尝到了甜头，推行 7S 管理更加卖力了。

第三节　方法灵活，高效工作有奇招

在日常工作中，效率和时间是相辅相成、不可分割的两个重要因素。而学会变通，用灵活的方法快速解决问题，则是高效工作、充分利用时间的重要举措。

秒杀问题，志高总裁说故事

2018年4~6月，我在广东志高空调集团指导实施卓越绩效项目。该企业从一个名不见经传的小工厂，历经24年的努力，发展到规模超万人、年产值六百多亿元的大型集团，产品销往一百八十多个国家和地区，取得了卓越的成就。诚然，这样的集团在经营管理方面的许多做法是可圈可点的。

卓越绩效项目组对集团董事局主席李兴浩先生进行了专题访谈，他那高瞻远瞩的视野、妙语连珠的口才，给我留下了深刻印象。在经营管理方面，李兴浩先生提出的"聚焦问题、秒杀问题"的理念，让人叹为观止。如何"聚焦问题、秒杀问题"？李兴浩先生结合自身经历，讲述了在志高空调集团发展史上极富传奇色彩的故事——清远事件，详细诠释了这个理念。

原来，在公司筹建不久的1996年，曾经面临合作伙伴强行撤资、公司负债2000万元人民币、供应商登门逼债的局面。面对如此严峻的事态，李兴浩先生慎重思考后，决定勇敢面对问题。

于是，李兴浩发出邀请函，将所有没有付清货款的供应商邀请到一家酒店，坦诚陈述了自己目前的窘境，恳请各位供应商给志高一些时间，保证把拖欠供应商的货款连本带利还清。大部分供应商知道李兴浩先生的豪爽个性和良好口碑，表示愿意接受这样的条件。少部分对李兴浩先生不太了解的供应商，看到大家都愿意支持，也就"随波逐流"了。大家拿着李兴浩先生打的白条，离开了酒店。也有的供应商很有实力，对李兴浩先生非常认可，愿意借钱给他临时周转。那次会议，不但稳定了供应商的情绪，还向部分供应商借款600万元，让公司起死回生。

说到动情处，李兴浩先生激动地说："人，是要懂得感恩的。没有清远事件众多供应商的信任与支持，就没有公司的今天！"李兴浩指着身旁的空调柜机上方镶嵌的公司LOGO，问我："刘老师，你知道志高产品为什么用三片铁页作为标志吗？"见我摇头，他便继续说道："这三片铁页，既有哲学内涵，又合乎企业经营法则。哲学含意是：天、地、人，是说企业兴旺发达要集'天时、地利、人和'于一体；企业经营法则是——供应商、制造商、销售商。可以说，没有清远事件，没有供应商大力支持，就没有公司的今天！"

在指导志高空调集团实施卓越绩效项目时，多次听到李兴浩先生和公司高管强调"聚焦问题、秒杀问题"，原来，清远事件就是"聚焦问题、秒杀问题"的起源。企业领导者和高管在工作中践行"聚焦问题、秒杀问题"，并以此提高工作效率和经营效果，我们普通的职员和创业者，是否也应该把工作中的问题进行聚焦，思考最有效的解决方案，将"问题"及时秒杀呢？

说效率，江门老总选厂长

有一次，我在江门市委党校给企业管理干部讲授《生产效率提升与成本降低》课程，一个电子厂老总在课间休息时，向我咨询一件事："刘教授，我们工厂新建一个分厂，需要从几个车间主任中物色一位任分厂厂长。通过初步甄选，有两个车间主任在能力和资历方面不相上下。我还没有确定下来提拔哪一个。想听听您的高见。"

我看到他手中拿的培训教材，忽然来了灵感，建议道："既然两个车间主任能力和资历不相上下，你可以测试他们在生产效率方面的表现，一是查对他们各自负责的车间生产数据，从中总结出哪个车间生产效率好；二是交给两个车间工作量相等的生产任务，并规定完成时间。要注意客观性，不要向他们讲明是在考核。将任务交给他们后，暗中观察，看谁采用的方法更得当，使用的人力更少，完成的效率更高，头脑中的效率观念更强。"电子厂老总认同地点头说："这办法好。我刚才在听课时，也想到在生产效率方面考核他们。看来咱们是'英雄所见略同'。"

两个月后，那位老总再次去江门市委党校听我讲课，兴致勃勃地告诉我："刘教授，我采用您说的方法，用分配相同生产任务的方式，考验两个车间主任在提高生产效率方面的表现。其中一个车间主任表现出色，我已任命他为分厂厂长。老实说，生产效率这个问题是我关注的现场管理焦点。我现在物色干部，不管他资历多老，学历多高，部门生产效率都是必须考核的。"我开玩笑地问他："以前你是怎样做的？"他歉意地笑道："以前物色干部，我一般是从比较出色的人选中确定一个，公布出去就可以了。现在订单不好接，制造成本高，再不注重生产效率，工厂就没法生存下去了。"

那位电子厂老板在物色干部方面的观点，代表了是新时期中小企业在用人方面的转变。

第四节　记录灵感，高效工作有办法

对从事脑力劳动的岗位来说，灵感是创意的重要构成元素。一个灵感来了，能及时捕捉，这个灵感就能为我们的工作带来效率和效果。

怎样让灵感产生价值

灵感，稍纵即逝。对从事思考型工作的人来说，抓住了转瞬即逝的灵感，就等于抓住了提高工作效率的时机，就能让灵感产生价值。

一次，我在广州市白云区讲《生产管理与现场改善》课程，中间休息时，无意中听到几个听课的老板在聊成本与利润的事情。从表情来看，他们对居高不下的成本和微薄的利润既非常关心，又颇为无奈。这些年企业老板被成本上涨和利润下降的问题折磨得很头疼，又苦无良策。虽然我讲的《生产管理与现场改善》课程也涉及成本，但针对性不强。听到他们的话，作为培训师和经管作家的我便马上将这个灵感记录下来。讲完课回到住地，我就开始成本和利润管理课程研发。

通常的制造业成本管理课程内容，包括外部成本、内部成本、运营成本、仓储成本、管理成本、制造成本、营销成本、工资成本、显性成本、隐性成本等。要讲授这样的课，需要耗费许多时间，而企业老板对耗费太多时间的课程通常不太感兴趣。于是，我决定把课程分成两个部分，先开发一个针对生产现场成本管理的课程，授课时间限定在1天，课题叫作《低成本卓越现场管理》；再开发一个利润管理课程，课题定为《企业利润倍增10大举措》，课程内容按照客户需求，分为3天版、2天版和1天版。

结果，这两个课程从珠江三角洲地区讲到长江三角洲地区，很受企业欢迎，有几所大学MBA中心也订了此课程。之后，我对课程进行优化，补充一些利润管理案例，构思出一本管理书籍，定名为《微利管理》，该书2016年由广东经济出版社出版后读者反响很好。

方法正确，脑力劳动有灵感

脑力工作者既要抓住稍纵即逝的灵感，也要学会激发灵感，让其推动工作效率。

以写作为例，我们都遇到过在写作时没有灵感的事情。怎样激发写作的灵感呢？

我在某教育机构开展一项指导学生启蒙写作的课程，一些家长从广州、中山、惠州等城市开车带孩子来学习，其原因就是在学生写作启蒙教学方面，我们采用的方法完全不同于学校和教育培训单位的作文教学。学生写作与成人写作是一个道理，除了语文功底之外，最需要的是灵感和方法。在开设学生启蒙写作课程之前，我到书店查阅关于学生作文写作方法的书，结果发现那些书籍雷同性特别高，基本是摘录许多范文，然后说明那些范文哪个段落写得好，给的写作方法不但少，而且牵强。

在写作课程讲授方面，我创立了"写作、作文五步流程法"（如表4-1所示）以及"梭子结构法""树状结构法"，将抽象、深奥的写作理论进行简洁、形象化解析，让写作变得简单、易学。

表 4-1　写作、作文五步流程法

序号	流程图	关联内容
1	命题	1. 自命题、半命题 2. 解题：分析标题、找关键词（主关键词、副关键词）、扣题
2	找关联词	1. 与主关键词相关的关联词 2. 与副关键词相关的关联词
3	开头	要求：简洁、精彩
4	内容叙述	1. 内容丰富、层次分明、条理清晰 2. 多个事件同时叙述时，要分出前后顺序 3. 重要事项要详略得当
5	结尾	要求：简短、精悍

具体操作方法如下。

第一，文章题目确定后，先分解题目，找出题目中关键词（主关键词、副关键词）。

第二，根据主关键词、副关键词，分别找出相应的关联词，并写在纸上。

第三，在动笔写作时，遇到没有灵感的时候，看看关联词，灵感就触发出来了。除了找关联词激发灵感，还可以用查资料、翻看相关信息等方式，也能收到异曲同工的效果。

第五节　把握时机，创造高效别犹豫

对追求高效的人士来说，善于把握时机，是提高工作效率的有效方式之一。在这方面，我们应学学那些成功人士是如何"把握时机"的。

善抓商机，志高老总有奇招

2018年4～6月期间，我在广东志高空调集团指导该企业实施卓越绩效项目时，亲耳聆听了董事局主席李兴浩先生讲述他的创业故事。

20世纪90年代初，国家刚落实改革开放政策，李兴浩先生把握时机，率先开了一家饭店。那个时候，空调是奢侈品，只有在高档饭店和星级酒店才能享受到空调的凉爽。李兴浩先生具有独到的商业眼光，他在自己的普通饭店收拾出几个房间，率先装上空调。结果，那几个房间经常被提前预订，饭店生意十分火爆。遗憾的是，那时国产空调老出问题，维修点太少，维修不但耗费的时间长，成本也高。

善于把握商机的李兴浩，面对饭店空调维修困难的窘况，反其道而行之，聘请空调维修技术人员，成立空调维修队。这一举措不但解决了自己饭店的空调故障问题，维修生意也做得风生水起。20世纪90年代末，国内空调销售呈现良好势头。这时候，李兴浩先生的空调维修部也已掌握了基本的空调生产技术。于是，李兴浩先生再次把握时机，于1994年成立志高空调电器厂。

2012年，志高推出全球首台智能云空调，抢占市场先机。

2014年，国际功夫巨星成龙与合作代言多年的广东某空调巨头企业分道扬镳。李兴浩先生把握时机，与成龙签订代言协议，将志高空调的市场份额又推进一步。

之后，李兴浩先生多次把握时机，将企业一步步推向发展的快车道。而今，志高已是一个年产值近接近六百多亿元的空调集团。

巧用时机，海尔公司这样做

被中国企业家称为"中国管理教父"的海尔董事局主席张瑞敏，是一个既善于把握时机又善于利用时机的企业领导者。

1985年，海尔冰箱遇到了质量瓶颈，公司采取了不少控制质量的措施，结果却不尽如人意，客户投诉呈增多趋势。张瑞敏让品质部门对刚入仓库尚未销售的冰箱进行拆封检查，结果从四百多台包装好的冰箱中检查出七十六台有问题的产品。张瑞敏决定抓住这个时机，对海尔干部职工进行质量意识教育。于是，海尔发生了被消费者称道的"砸冰箱"事件。

后来，哈佛大学商学院把张瑞敏先生"海尔砸冰箱"事件，作为优秀的商业管理案例进行研究。因为行动时机把握得好，"砸冰箱"事件对海尔的质量改善收到了惊人的效果。张瑞敏将此方式推而广之，教导下面的干部职工学会把握行动时机提高工作效率。

可以说，海尔集团今天能在激烈的市场竞争中立于不败地位，也是和张瑞敏这种"把握行动时机提高工作效率"的领导艺术分不开的。

第六节　超越一点，高效其实也简单

有些喜欢"干大事"的人，对"每天超越一点点"这样的小事不屑一顾。岂不知，只要将"每天超越一点点"坚持久一些，其意义和价值会出乎我们的意料。

主动一点，业绩就会更好

2017年，我受聘担任工业和信息化部电子第五研究所讲师，为参加"广东省2017年中小企业人才培育项目——创业创新专题"的企业家学员授课。课间学员分享时，一位来自电器制造厂的企业家学员讲述了发生在他工厂的案例。

有一段时间，他的电器厂两个车间的产品不良率都超过了2.5%，并且一直居高不下，客户投诉和退货明显上升。他召集生产部门和品质部门经理开会，要求他们抓紧解决问题。品质部经理经过权衡，指派检验员小赵和小孙分别去A、B两个车间驻守，希望他们在一个月内将两个车间的不良率控制在1.5%。

小赵到A车间后，按部就班地开展工作，一丝不苟地检查每一个产品。在检验中发现的问题，小赵像以往一样，及时告诉车间主任。一个月满，小赵完成了品质部经理交给他的任务，将A车间不良率控制在1.5%。

小孙的做法和小赵不同。他到 B 车间后，除了像小赵一样认真检查产品外，还请 B 车间主管配合自己对员工进行品质意识培训，要求大家在工作中不制造不良、不接收不良、不传递不良。B 车间主管被他的诚意和责任感打动了，积极配合他的工作。一个月满，小孙向品质经理交的成绩答卷是将 B 车间的不良率控制在 0.9%。这让品质经理对他刮目相看。

那位企业家说，当品质部经理将结果汇报给他时，他对质检员小孙的做事方式非常欣赏。在他的提议下，小孙很快成长为品质部主管。

小赵和小孙的事例告诉我们，在做工作时，不要以领导的最低要求为工作的最高目标。当你比别人多做一点时，你成长的机会就会更多。

超越一点——我的升职法宝

截至 2018 年，我累计出版管理书籍 7 部，在培训行业也算小有所成，为著名企业做策划，为多所高校 MBA、EMBA，高级管理人员工商管理硕士、总裁班、企业家训练营授课。其实，我 1993 年从政府部门辞职下海去深圳时，我和其他打工族处于相同起跑线上，是"每天超越一点"的做事方法为后来的快速成长打下了基础。

二十多年前，我在深圳龙岗区一家刚筹建的生产陶瓷的港台合资企业任彩绘部主管。当时，公司里九个部门主管，我负责的部门人员最多（超过公司总人数的二分之一），工作量大，事情也杂，要在九个部门主管中脱颖而出并不容易。

我虽然无意在众人中崭露头角，但我总觉得做事情就要尽力做得更好一些。不管是我个人的工作还是彩绘部的工作，我都坚持比别的部门主管要超越一点点。公司的管理制度，在我负责的部门落实得最到位。现场管理秩序，我负责的部门是全公司最好的。釉下彩是陶瓷行业的尖端彩绘技术，我对釉下彩知识一知半解，生产线常会出现品质问题，我买来《陶瓷工艺学》和《陶瓷材料辞典》，下班后就啃这两本书，还抓住机会向经验丰富的台湾师傅请教，再融入自己的探索和体会。很快，我这个文科生揭开了釉下彩技术的神秘面纱，生产线出现问题越来越少。

起初，我的努力没有什么反响。三个月后，我每天、每事都力求超越一点点的效果开始显现出来了，个人工作效率和部门管理效果在九个部门中都名列榜首。看重实效的香港总经理，将我负责的彩绘部树立为全公司的标杆部门，我的工资待遇也与别的部门主管拉开了距离，甚至超过小部门主管的两倍。

半年后，我被提升为课长（分厂厂长），分管包装、成检、彩绘、白检、施釉五个部门。后来，我在制造业从课长、生产经理、行政经理到总经理一路成长，也是受益于"每天超越一点"的思想理念。

2006年，我加盟企业管理咨询行业，依然坚持比别的咨询师超越一点点，比昨天超越一点点，同样收到高效的效果。几年时间，我从项目经理一步步成长为项目总监、总经理、高级培训师。

2010年起，我脱离咨询行业，专职从事培训工作，继续坚持比别的培训师超越一点点，比昨天超越一点点，从高级培训师向培训师导师转型，为多所高校MBA、总裁班、企业家训练营授课。

不论是每天超越别人的一点点，还是超越自己昨天的一点点，都极有可能成为决定你工作效率和人生成就的关键点。

第七节　一丝不苟，敢为高效担责任

高效的定义，是在保证效果的情况下提高工作效率。所以，效率和效果是孪生兄弟。

职场上不乏这样的员工，他们自诩为"高效工作者"，但做事情却缺乏一丝不苟、认真负责的态度，偏面追求所谓的速度，结果在效果方面打了折扣。他们留下的许多遗留问题，让上司和同事为之头痛。每次做完一项工作，上司都要从头到尾费心审核，甚至还要帮他们做善后工作。其实，这样的员工对高效工作存在很大的误解。

画家刘畔丁的一丝不苟精神

山东省著名书画家刘畔丁老师，就是名副其实的高效率书画家。刘畔丁老师在书画领域既重效率，更重效果，在书画界口碑很好。

2011年，刘畔丁老师到东莞市游历习书作画。因我年轻时喜欢信笔涂鸦，所以他时常和我聊些书画方面的事，我们相交甚深。

在北京某出版社工作的编辑朋友想要一幅苏东坡的《赤壁怀古》书法作品，拜托我请刘畔丁老师书写，刘畔丁老师欣然命笔，一幅灵动飘逸的行草书作品便跃然纸上。因《赤壁怀古》这首词字数较多，个别字写作效果稍微不理想。如果不是书画内行人士，根本看不出来。但刘畔丁老师不愿将略有瑕疵的作品送人，坚持要重新写。经过四易其稿，他终于给了我一幅完美无瑕的书法作品。看着这幅结构完美、点画到位、功力颇深的《赤壁怀古》行草书作品，我对刘畔丁老师这种追求艺术完美精神暗自感动、赞美不已。

刘畔丁老师的书画在山东、北京等地的销售势头很好，在东莞市习书作画时，他每周都要往家里的画廊发回很多书画作品，但他从来不为追求效率而降低作品的艺术价值。因此，从他的书画工作室出来的每一幅作品，都可称得上是书画精品。

我多次到刘畔丁老师的画室看他写字作画，他对待书法作品的每一个笔画、结构，绘画作品的每一个细节都一丝不苟。正因为这样，他才得以被书画界人士称之为高产的书画家。

书法家张中山的认真与审慎

张中山先生是享誉豫东的农民书法家，我曾几次写文章介绍他的书法作品和习书经历。

1990年，张中山先生夺得"中国中青年书画大赛书法二等奖"，我给他撰写了一篇文章《农家墨香飘海外——记农民书法家张中山》，刊登在《河南日报》头版和《周口日报》头版的重要位置。2013年10月，我撰写的《磨穿铁砚"书"人生——记著名书法家张中山先生》，以整版篇幅刊登在《艺术界》画刊第三版。2017年，张中山先生当选为河南省郸城县政协常委，我又撰写《翰墨凝气贯长虹——著名书法家张中山先生书法养生之道》，收录进郸城县政协为常委们编著的书籍中，予以祝贺。

我和张中山先生是好朋友，对他比较了解。他能取得如此殊荣，除了天分之外，对书法的执着精神也是他取得成就的基石。在此之前，他就获得了大大小小近百个奖项，证书和奖杯装满了一大柜子。即便如此，他还是坚持每天认真临池不辍。行、楷、草、隶、篆，他都练到炉火纯青的地步。每遇创作，他都能以较快速度一气呵成。

应该说，张中山先生能快速地完成书法精品创作，是他执着工作的结果。

我们全副精力、踏踏实实地投入到工作当中，也不见得就一定能高效做好工作。如果三心二意，则注定没办法把工作做好。我的好友，广东外语外贸大学教授、MBA中心主任王刚先生是供应链管理专家，在谈到供应链管理与企业运营时说："短时间的有效率不是高效率工作。只有长时间地坚持不渝，才能获得真正的高效率。"

第八节　技能过硬，高效需要熟能生巧

丰田公司的高效管理，确实值得称道。丰田汽车之所以能在世界市场占据如此大的份额，是和其产品质优价廉分不开的。

技能娴熟是高效前提

丰田公司能做到质优价廉的前提，是员工在工作岗位上苦练基本功，以适应丰田生产方式创始人大野耐一提出的"恰好准时制"的高效工作要求。

以前丰田要变换800吨冲床的程序需要三个多小时。在大野耐一眼里，三个多小时显然太长了。大野耐一决定最大限度压缩时间，以降低制造成本，于是要求流水线员工苦练基本功，以娴熟的技能，快速完成换模时间。他要求重要岗位的技能练习必须达到三千次以上。

经过努力，大家都熟练掌握了快速更换程序所需的工作技能，整体配合非常默契。最终，大野耐一将丰田公司变换程序的时间压缩到三分钟左右。这在世界制造业管理层传为佳话。

高效工作离不开扎实的基本功，而练习基本功需要一定的精力和耐心。

知名画师的辛勤汗水

我在闲暇之余，喜欢写写画画，因此结识了一帮书画界的朋友。山东聊城画院院长宋广玉老师就是我的好友之一。

宋老师与我同龄，但在绘画方面的造诣却比我高深得多。他与绘画结缘四十余年，主攻山水、花鸟，其画作形神兼备、拙巧相容，艺术造诣颇深。

一次，几位画友相聚，闲聊甚欢。酒酣耳热之时，便有画友邀宋老师作画助兴。桌案上，一位画友已铺好一张六尺宣纸。宋老师是性情中人，娴熟地调好颜料，轻舒一支斗笔，借助酒劲，不到半个小时，一幅写意山水画在他手上完成了。在画友的喝彩声中，宋老师潇洒地将画笔放回笔架上。再看那张刚完成的国画山水图，嶙峋的怪石、酣畅的瀑布、灵动的兰草、苍劲的古柏，每个细节都尽情诠释着宋老师深厚的绘画功力。

能在短时间内完成一幅构图工巧、笔力苍劲、技法娴熟、意蕴幽远的国画山水作品，可谓达到高效率、好效果的工作境界。

在谈及取得的绘画成就时，宋老师借用了爱迪生的名言：天才，是百分之一的灵感加上百分之九十九的汗水。我认同宋广玉老师的观点。

现实生活中，不论是在单位供职，还是自己创业，要想得到理想的效率和效果，必须明白"熟能生巧"的道理，练好扎实的基本功。就以宋广玉老师为例，他家里的桌案和画院的桌案上铺垫的习字作画专用毛毡，都被斑斑点点的墨迹和五颜六色的颜料沾染得面目全非，几乎看不出毛毡的本来面目了。从事书法绘画的同行都清楚，那就是宋老师平时练习的铁证。没有台下付出的辛勤汗水，就难有台上的精彩展现，这就是"台上一分钟，台下十年功"的道理。

第九节　执着工作，高效要有责任心

菲律宾总经理的无奈

我在广东省一家美资企业曾看到这样一种情况，公司召集相关部门主管检讨产品报废率高的问题，结果检讨来检讨去，这个干部说是前工序部门的问题，那个干部说是后工序部门的责任。到最后，参加检讨的几个管理干部都说自己负责的部门没有问题，最终，大家把问题推到了供应商那里。

该企业聘请的总经理是一个技术过硬但不太懂管理的菲律宾人。从表情看得出，他对遇到问题推卸责任的管理干部非常不满，又苦无良策。检讨会结束后，他问我，遇到这种情况该怎么办，我告诉他："多换思想少换人，不换思想就换人。"

对企业经营者来说，他们不愿意轻易放弃任何一个干部和员工，但遇到那些工作主动性差、喜欢推卸责任的部下，在给予改正的机会仍然不见成效的时候，他们也不得不放弃。于是他采纳了我的建议，先对几个当事主管进行批评教育，给他们改正的机会。经过教育，大部分主管端正了态度，但仍有个别干部没有丝毫好转，他根据情况做了相应调整。

端正心态，别把责任当负担

事物都有一体两面性，同样一个事物，我们用积极的眼光和消极的心态去衡量，其结果是完全不同的。拿承担责任来说，如果我们用消极的心态去对待，就会把承担责任看作是一种负担。当我们将其看成负担的时候，就会感觉到压力，就会产生推卸、逃避的心态。如果我们端正心态，用积极、阳光的态度去衡量，就会觉得承担责任是一种美德，是一种义务，是一个历练自己、让自己成长的机会。这时候，责任在我们面前就成了一种动力，一个机会，一块让自己走向成功的铺路石。

告诉自己：责任就是"磨刀石"

对于日常工作和解决问题来说，我们每个人都是一把刀——优秀员工是锋利的刀，平庸的员工则是生锈的刀。

优秀员工之所以是锋利的刀，是因为他们在责任面前敢于承担，经常在"责任"这块"磨刀石"上磨砺。

平庸的员工之所以是生锈的刀，也是因为平庸的员工推卸责任太多，把在"磨刀石"上磨砺的机会白白推给了别人。

我们常说：刀不磨要生锈。时间长了，那些推卸责任的员工，就成了生锈的刀，久了，也就成了废铁。

提示自己：责任是领导信任的基石

对于刚入职场的员工来说，如果想让领导信任自己，就必须拿出承担责任的勇气和自觉性。人与人之间的信任，是靠诚心交换的，你对承担责任没有诚意，就不要指望领导对你有信心。这与你想去银行取款首先要先存款是一样的道理。

要让领导信任我们，我们首先要创造让领导信任的条件——承担责任，因为承担责任是博得领导对你信任的基石。

提醒自己：承担责任是成功的先决条件

纵观那些取得辉煌成就的成功者，无一不是能承担责任的人。我给高校MBA学员讲课时常会强调"承担责任"的理念：当一个人能勇于承担责任的时候，他的心态就很端正，做事情的积极性就高，对同事的包容心就强，集体主义精神和团队意识就在一个很高的层面，跟领导和同事的配合度就好……很多的美德都会在他身上体现。

我会向职场人士和高校MBA学员强调：承担责任，是走向成功的先决条件。

第十节　即时总结，延伸高效增价值

我以前在一家管理咨询公司任职总经理时，每周都要对讲师进行训练。每次训练，我都会要求参加培训的讲师对学习内容和自身问题进行总结。每次总结，大家都能找到自身的不足，然后有针对性地强化训练。这样的总结，既缩短了讲师培训周期，也使他们的授课效果得以加强，学员满意度快速提升。

名师也在做总结

2017 年，我在广州参加名师联盟活动。那次联盟活动邀请的培训师，都是培训界名流，其中有十几位已是大腕级。名师中，最引我注意的当属来自河南的"腕级讲师"晋纪书老师。

活动为期 3 天，举办方聘请几位具有国际知名度的培训界大鳄讲授一些培训师高阶课程。晋纪书老师不但听课认真、互动积极，晚课结束后，还带领小组的培训师总结、梳理一天的学习内容。那些培训师来自全国各地，在培训界知名度已经很高，但大家对待学习的精神和热情反而胜过一般人。晋纪书老师作为小组长，在总结学习内容，归纳知识点时一丝不苟、严谨审慎，给我留下很深的印象，我们也从此成为至交。后来得知，晋纪书老师不但在学习方面善于总结，他还把这种方法延伸到工作甚至生活当中。

在进入培训界之前，晋纪书老师在郑州电力学院任教，担任系教学主任，曾以谦虚好学、治学严谨、追求上进受到院校领导和同事首肯。后来，他辞职进入培训界，系统学习了职业培训师相关的课题。因善于总结、归纳，学习方法得当，他在培训界成长很快，并被推举为河南培训师协会会长，成为培训界风云人物之一。

应该说，在工作和学习中善于总结的好习惯，在晋纪书老师的成长和培训生涯中起到了推波助澜的重要作用。

勤于总结，高效价值再延伸

在谈到"总结"对工作和学习的重要作用时，晋纪书老师说："我们做好总结，一是对学习内容进行再复习，便于牢固掌握；二是通过总结梳理出重点、难点、要点，把关键要素记牢；三是让我们学会抓重点、抓要点，不在无关紧要的琐碎内容上纠缠，便于提高效率。"

我认同晋纪书老师的观点。同时，勤于总结还能起到检讨阶段性工作效果、寻找差距的作用。在总结时一旦发现问题，能及时纠正，确立正确、有效的工作方向。

这样的总结，既能提高学习和工作效率，又能让现时的高效产生延伸价值。比如晋纪书老师在学习中及时总结，现时来说，提高了学习的效率，能快速记牢学习内容的重点、要点。而延伸价值则有两个重要因素：一是延伸的精神价值，保持善于总结、勤于思考并解决问题的良好习惯，能让自己学习的效率更高，掌握的知识更多，从而让自己的人生更精彩，事业更辉煌；二是延伸的物质价值，在培训界众所周知，名师的出场费可谓不菲。文化基础打牢了，知识面拓宽了，培训专业技能完善了，就有更多的授课机会，有更大的演讲舞台。赚取的出场费也相应增多，可以改善生活质量，可以做自己想做的事。

第五章　个人高效率，团队好业绩

团队，由不同文化、不同经验、不同知识结构、不同性格爱好的人组成。一个团队犹如一架机器，机器要高效运转，需要构成这部机器的每一个零部件同时发挥两种效能：一是要保持自身能够高速运转；二是要按照机器运转速度的整体需要，调整自己的运转速度，使之与整体运转要求相吻合。

这样的团队成员，才是优秀的、高效的成员；这样的团队，才能达成良好的业绩。

第一节　人人高效，团队做出好业绩

俗话说：众人拾柴火焰高。一个团队要有好的业绩，需要团队中每一个成员共同努力。人人高效，团队众志成城，就能为创造良好业绩奠定坚实的基础。

业务团队的新成员

这两年国际大环境存在诸多不确定因素，制造业经营受到较大影响。为此，东莞市政府及时推出旨在帮助企业渡过难关的"倍增计划"。我作为"倍增计划"落地实施专家团导师，开发出《倍增业绩智慧——企业倍增高效管理系统》课程，很受企业欢迎。

一次，我在一家酒店给中小企业经营者讲授《倍增业绩智慧——企业倍增高效管理系统》课程，一位包装材料公司副总经理分享了该公司业务团队的案例。

那家包装材料公司规模不大，只有一百多人。临近年底时，公司要求业务团队加大货款跟催力度。业务部门面临着客户拓展和货款回收的双重压力。这时候，公司新招的一名业务员小张，也和大家一起回收货款。业务部给每个业务员分派了需要跟催货款的客户名单，大家分头努力。

快到年底时，那位新进的业务员小张跟催的客户，还有一家港资制鞋企业拖欠的18万元包材款没有收到。他跑了几次，鞋厂老板无奈，最后答应给他开支票，结果又以支票用完为借口，让他们第二天再去。从业务部每天公布的货款回收进度表上，小张看到其他同事的收款任务已基本完成，自己因是新入职，分派的数额本来就比别人少，如不能按时完成，必定拖团队的后腿。他暗下决心，无论如何都要收回这笔货款。

第二天，小张又赶去鞋厂软磨硬泡。香港老板没办法，只得给他们开了18万元的支票。谁知等兑付支票时，他才知道这是鞋厂老板玩的猫腻。鞋厂账号上的总金额只有179880元，支票不能兑付。小张没有气馁，马上打电话请几个朋友支招。一个朋友告诉他，可以往鞋厂账户再存点钱，只要账户能足额18万元，支票就能兑付。小张采纳朋友的建议，果然将支票兑现了。

在说起小张时，那位副总脸上掩饰不住欣赏与兴奋的表情。他告诉大家，小张现在已经是他们公司的业务经理。

一个优秀团队，需要的是像小张那样注重工作高效和富有团队意识的员工。

早起的鸟儿：李嘉诚

对"早起的鸟儿有虫吃"这句话，我们都不陌生。那些为了高效早起晚睡、努力工作的人，多像早起的鸟儿啊。怎样学习早起的鸟儿，有效提高个人效率呢？让我们看看商业成功人士李嘉诚是怎么做的。

李嘉诚在14岁时，因父亲患病去世，连初中也没读完就放弃学业开始打工糊口了。年轻时，李嘉诚就深知"早起的鸟儿有虫吃"这个道理，白天辛苦劳作，不管加班多晚，晚上都要读一会儿书。靠着勤奋好学，他积累资金在香港开办一个小型塑料花厂，掘到了第一桶金。在李嘉诚的带动下，塑料花厂的职员也都兢兢业业地勤奋工作。

处在起步阶段的李嘉诚，虽然有工厂，但实力很弱。不论是规模还是技术，与香港的同行相比，都不占优势，但他一直在努力改变现状。一次，李嘉诚在一本杂志上看到美国研制出一种制造塑料产品的新型机器。他就想：如果用这种新型机器生产塑料花，效率和质量都会比现在提高很多，一定比其他工厂生产出的塑料花更受市场欢迎。可是，这种性能好的新型机器价格自然也很高。

李嘉诚虽然很想拥有一台这样的机器，可是每台两万多美金的价格又让他望洋兴叹。按照当时的情况，他想买那样新型的美国设备是不可能的。几经考虑，他决定发挥自己勤奋好学的特点自行研制新机器。

早起的鸟儿有虫吃

李嘉诚有个很好的习惯——爱好读书。

当决定自行研制新型塑料制品机后，李嘉诚订阅、购买了很多世界上最先进的塑料产品技术杂志，又搜集了很多与塑料设备相关的资料，开始苦心阅读。为试制方便，李嘉诚还开辟了一个供研发用的实验室。准备就绪后，他将日常工作安排好，专心致志地投入到机器研发工作中。

李嘉诚一边刻苦攻读与新型机器研发相关的理论知识，一边按照书本上的机械原理勤奋实验，没日没夜地学习钻研。需要其他同事协助时，同事们发扬团结协作精神，争取早日将新机器研制成功。经过十多天辛苦钻研，李嘉诚在团队的支持与协助下，终于成功地制作出与美国新型机器具有同样性能的塑料制品机。

让人惊叹的是，李嘉诚研制出的机器，虽然在性能、质量方面和美国产品相差无几，成本却不到美国同类产品的十分之一。正是这种刻苦钻研、勤奋好学的执着精神，让李嘉诚在拥有先进、新型机器方面比香港同行先走了一步，成为第一个吃到虫子的鸟儿。

自从有了这样性能超群的新型机器作依托，李嘉诚的塑料花厂在同行业中的优势开始凸显。时间不长，香港其他的塑料厂就一个又一个地被他的工厂甩在后面。年底结算时，他的工厂效益创造了年增长10倍多的高增长率。

做惯了"早起鸟儿"的李嘉诚，通过勤奋学习和不懈努力，带领他的团队在香港创造了一个又一个经济奇迹。他的物质财富和精神财富都在这一次次勤奋和努力中得到快速增长。

做早起的鸟儿，以勤奋为基础

在职场，我们要提高自己的竞争力，成为优胜者，既要明白"早起的鸟儿有虫吃"的道理，又要发扬"一不怕苦二不怕累"的执着精神。因为"早起的鸟儿有虫吃"是以勤奋为基础的。

就拿李嘉诚和他的团队研制新型塑料制品机来说，如果没有勤奋的生活和工作习惯，是不可能下这样的决心的。他知道自己学历不高，又不是专门学设备制造的，要想在同行中比别人吃到更多的"虫子"，就一定要带领团队做"早起的鸟儿"。

做早起的鸟儿，要量力而为

在众人眼里，研制塑料制品机是那些学历很高的机械制造工程师才能做的事情，李嘉诚根本不具备那样的条件。

李嘉诚自己却不那样认为。他之所以要研制新型塑料制品机，并非没有基础。他虽然是塑料厂的老板，但并非是与生产实际脱离的大企业老板。他的工厂规模很小，许多事情需要自己打理，所以他对塑料机操作、维修等都了如指掌。正在使用的机器缺陷在哪里、美国研制的新型塑料制品机优势在哪里，他心里一清二楚。他要做的工作是进行技术的更新与嫁接，所以根本不是别人想象中的"遥不可及"。有了这样的基础，加上他勤奋、好学的特点和团队其他成员的支持与协作，要达成的目标并非高不可攀。

勤奋拼搏，成为吃虫子的鸟儿

李嘉诚现在取得了巨大的成功，所以一些人像崇拜神灵一样地仰视他。其实，李嘉诚也是平凡人。他的成功是由学习、努力、胆识、机会以及与团队成员同甘共苦构成的。

如果说机会和胆识不是人人都有的话，那么学习和努力是每一个人都能做的。再进一步说，李嘉诚在那个时代把握住了机会，我们现在也有他那时候不具备或者不可能有的机会。14岁就辍学打工的李嘉诚能通过学习和拼搏精神创造一个又一个商业奇迹，我们为什么不能通过学习和拼搏也将我们的工作做得更好，获得更多、更大的发展空间呢？

李嘉诚的故事告诉我们，只要努力学习、努力拼搏，每一个在职员工都能成为"有虫吃的鸟儿"。比如上级给我们订的工作目标偏高的时候,如果我们从内心就抗拒,那这个工作目标很可能就没办法达成。如果我们用配合的心态来对待,带着责任去做,遇到不懂的就学习,遇到问题就努力解决,把工作效率提高到极限,用拼搏精神对待,相信一定能让偏高的工作目标取得实效。

当我们努力成为"有虫吃的鸟儿"时,我们就能从工作的结果中收获乐趣和成就感,就会感觉到工作的意义和生命的价值

第二节　工作专注，业绩倍增有保障

三心二意，职场失利

小韩和阿苗同时应聘到一家台资企业，分配在不同的部门当仓库管理员，二人先后转了正。半年后，阿苗得到加薪机会，并被提升为代理班长，小韩仍然在仓管员的位子上原地踏步。看到阿苗又升职又加薪，小韩心里很不平衡。

小韩找本部门主管申请加薪，主管告诉他："等你把工作做好再提加薪的事。"小韩以为主管是在刁难他，就越过主管找课长反映情况。小韩和阿苗虽然在不同的部门，但两个部门都在一个课长的管辖范围，所以课长对二人的工作表现很清楚。为了教育小韩，课长认真分析了二人的工作情况。虽然他们同时入职仓库管理员，工作态度却相差很大。小韩对待本职工作常常是应付心态，能偷懒就偷懒。虽然已经工作六个多月了，他负责的仓库依然不尽如人意，工作有些被动。

阿苗知道自己缺乏管理仓库的经验，接手工作后，主动请教有经验的仓库管理员，利用工作之余对仓库里的物品进行详细盘点，将物品分类摆放，物料架上的物料整理得清清楚楚，按照要求做到账、卡、物相符，仓库被他整理得井井有条。有人来领物料时，他的工作效率非常高，仓库管理效果良好。

自己负责的仓库领料和发料效率提高后，阿苗上班便有了一些零零星星的空闲时间。为了将那些零星的空闲时间利用起来，阿苗向主管建议：将物料发放时间作了规定，自己则在不发放物料的时间段去生产线帮忙。虽然在生产线帮忙不是做本职工作，阿苗依然认真负责，很快掌握了生产线的操作技术，成了操作熟手。主管很欣赏阿苗勤快好学的工作态度，就想重点栽培。很快，部门又招聘一名新的仓库管理员，主管就安排阿苗到生产线当代理班长了。

在职场，像小韩和阿苗这两种类型的员工，都大有人在。在对团队业绩贡献方面，两个类型的员工差别非常大。毫无疑问，企业需要阿苗类型的员工。如果小韩继续三心二意地对待工作，他在职场的前途就很堪忧了。

认真专注，业绩进步

小余大学毕业参加工作快两年了，最近感觉很纠结，他的工作像喝白开水一样，一直得不到领导的器重。在公司看不到发展的希望，小余感觉很压抑，对工作一点兴致也没有，每天几乎是数着时间等下班。他想跳槽，可又犹豫不决。

因为读过我写的书，他想办法加了我的微信。小郭在微信上倾诉了纠结的真正原因：因为工作表现不好，业绩较差，领导对他不冷不热的。虽然他上班的公司没有实行末位淘汰制，他在思想上已经有了危机感。

了解情况后，我给小余以下四点建议。

第一，调整心态，正确对待工作。如果以目前的心态对待工作，就算离职再换工作，小余还会出现现在的被动情景。

第二，努力培养对本职工作的兴趣和热情。事实上，并不是每个人都对自己从事的工作有兴趣，但兴趣是可以培养的。

第三，对自己有信心。相信自己在平凡岗位也能创造好业绩。

第四，对自己参加工作近两年的经历进行总结，找出效率引爆点。

为让小余知道平凡岗位也能做出不平凡的效率和业绩，我给他讲了一个推销员的故事。

王牌推销员的执着劲儿

有个王牌推销员，在一生的推销工作中做出了极其优异的成绩，被人们尊为"推销之王"。在这位推销员年逾古稀，必须脱离推销生涯的时候，那些从事销售工作的同行，都想听听他对推销的真切感受和积累的宝贵经验。于是，就有单位给他安排了一场隆重的《告别推销生涯》演说活动。

演讲活动安排在一个大体育馆里。工作人员在体育馆中央搭了一个很大的三角形铁架，铁架里面吊着一个很大很重的铁球。王牌推销员站在演讲台前，在他的脚边放着一大一小两把铁锤。

王牌推销员从观看的人群中请来3个健壮男士，他对第一个身材高大的壮士说："请你用锤子将铁球砸动。"

壮士没加思索，掂起大铁锤，奋力向铁球砸去，只听咣咣咣几声巨响，壮士两臂振得发麻，铁球却一动不动。

又换第二个男士砸铁球，男士砸了几下，铁球依然在铁架子里没有动弹，于是，他也知难而退了。

第三个人看到前面两人劳而无功，知道自己也是白砸，于是一下没砸就放弃了。

坐在看台上的人们，将目光聚焦在王牌推销员的身上，期待着他有能砸动铁球的神奇谜底向大家揭开。只见王牌推销员甩了一下头发，用手从怀里掏出一把小小的铁锤。

众目睽睽之下，王牌推销员不慌不忙地用小铁锤一下一下击打着大铁球。

十分钟过去了，大铁球一动不动。人们开始窃窃私语。

二十分钟过去了，大铁球依然在铁架子里不动弹。一些人耐不住了，看台上开始有人吵嚷，有不少人离开了看台。

看台上观众反应如何，王牌推销员没有在意，手中的小铁锤依然在不慌不忙地击打大铁球。

三十分钟过去了，更多的人在焦躁谩骂声中离开了看台。

王牌推销员一如既往地用小铁锤击打大铁球。

四十多分钟后，看台上的人只剩下不到三分之一了。这时，从看台上传来一声惊呼："看，大铁球晃动了。"铁架里的大铁球果然开始轻微晃动，大家的目光再一次聚焦在大铁球上。

五十多分钟后，大铁球晃动的幅度更加明显。王牌推销员依然坚持击打大铁球。

看台上的观众仿佛明白了王牌推销员的真实意图，一个个聚精会神地审视着王牌推销员和吊在铁架子里的那个又笨又大的铁球。

王牌推销员又击打了十多分钟，大铁球在铁架子里开始剧烈晃动，甚至把铁架碰得嗡嗡作响。看台上的人欢呼雀跃起来。

目的达到了，王牌推销员停下铁锤。观众们认真注视着王牌推销员，看他能说出怎样让人振聋发聩的感言。王牌推销员却只说了两句话："如果你没有足够的耐心致力于成功，你就只能用所有的时间面对失败。"

故事结束了，小余发了个"OK"的表情，快速打出一排字：刘老师，谢谢您化解了我心中的结。看来我得调整自己，认真对待现在的工作。

一般人之所以不能取得大的成功，常常是在关键时刻不能坚持。因为越是想取得大的成就，越需要有足够的耐心和坚持。就如那些吵嚷着离开的人，就是心态浮躁的表现。一个人做事情，没有必要的坚持，就没有成功可言，当然也谈不上工作高效。

第三节　制定规则，六项法则促高效

在那场被称之为"世界战争史上的奇迹"的淮海战役中，中国人民解放军具有超强的凝聚力，在与国民党部队交战时，打了一场以少胜多、以弱胜强的人民战争，被载入中外军事史册。

这个战争奇迹告诉我们，一个组织，不论规模大小，都需要众人齐心协力谋发展。只有凝神聚力，组织才能共创辉煌。

2017年冬天，我受邀给广东外语外贸大学MBA学员讲授《高效团队构建》课程时，一位企业家学员向我请教："刘教授，作为企业总经理，我很想在自己的企业打造一支高效团队，应对目前高成本、低效率的企业现状。但对打造高效率团队不得方法，请您指点迷津。"我结合当天讲授的课程，告诉他打造高效团队，要从以下六个方面认真抓好。

高效团队要明确职责和标准

在高效团队中，每个成员都要有明确的岗位职责。团队负责人要给每个岗位设定科学、合理的工作标准，并且要定期或不定期地了解工作进展情况。作为团队负责人，主要职能就是督导各岗位成员履行岗位职责，有效达成各自的工作标准。

让我们来看看高效企业在明确部门、岗位职责方面是怎样做的。

东联物业管理有限公司是广东省发展较快的物业管理企业，已经发展到近千人规模，业务遍及华南、华中、华东地区，是很有潜力的第三方物业公司。

2018年2~4月，我在授课之余，作为项目导师，在东联公司指导实施卓越绩效项目，帮助该公司进行系统性完善。

在实施卓越绩效管理模式时，我发现，像这样在物业行业表现非常优秀的企业，也有不尽如人意的地方。比如，在岗位工作职责明晰化和工作标准设定方面，就有一定的改善空间。我们便有针对性地对不同岗位人员的工作职责做了细致梳理。

岗位职责完善后，公司又对日常工作设定相应的标准，尤其对不太好量化的服务工作，也制定出相应的动作规范和工作流程。这些岗位职责和工作标准经过认真落实，既有效地推动了工作效率提升，也让岗位工作质量得到加强。

对团队负责人来说，将团队中各个岗位的工作职责明晰化，将工作标准定义清楚，是构建高绩效团队的重要措施之一。

高效团队要有行动口号

口号，是企业文化的重要组成部分。为使行动高效、步调一致，高效团队需要有一个口号来激励大家共同努力，并且要求队员做出承诺。口号内容可以根据情况设定，比如"大家一起"等。团队负责人要协调全体成员团结一致、齐心协力，共同参与到目标工作中。

我们常说，人是有趣的动物，需要精神支撑。我们工作的动力，除了物质需求，还需要责任感、荣誉感和成就感。口号，能让我们振奋精神、激发斗志，带着满腔热情投入工作。

我在给东风汽车集团中高层授课时，专门就高效团队编制、提炼口号讲了相关的注意事项。

一是口号文字要简洁、易记。口号中使用的文字不能太复杂，也不能把口号句子弄得太长。例如毛泽东在编写鼓舞革命信念的口号时，只用了短短八个字，既简洁、易记，又寓含着深刻的革命道理：星星之火，可以燎原！

二是要有感召力，能振奋人心。编写口号的目的，是要让人读后有一种心灵的震颤。如果编的口号读起来像喝白开水一样，没有一点震撼力，那就不如不要口号。

三是不用冷僻字，不故弄玄虚。口号编写出来是给员工看的、朗诵的，里面的字词必须大众化，不能使用只有少数人才能弄明白的冷僻字。

四是读起来朗朗上口。我们编制口号是为了感染人、激励人、教化人，口号要方便大家带着感情朗读，所以需要有格律感。要抑扬顿挫，不能有太多的说教味道。

五是使用形象化语言。语言要好记、易懂，能引起员工的共鸣。

设定团队的规则和潜规则

高效团队规则：全员参与。

高效团队潜规则：让不适应的人离开团队。

许多高绩效团队的事实证明，越是工作绩效卓越的团队，其规则越是明确。不但有明确的规则，团队成员还必须人人知晓、个个遵守。

高效团队在确立规则时，应加强以下四大要素。

第一，塑造高效团队文化。

打造高绩效团队，也需要高效的团队文化作为精神指引。从实用角度来说，文化就是与高效团队相关联的规章、氛围、口号、承诺等。

团队文化，旨在规范团队成员做事行为，凝聚团队成员心智，共同努力解决问题、达成工作目标，共同成长。

第二，制定行事规则。

规则，就是约束全体成员遵守的互动方式和行事规章。这些规章一旦确立，就需要全体成员遵守、履行，形成"大家一起、同心同德"的凝聚力和"群策群力"的协作机制。

第三，目标清晰、分工明确。

具体、清晰的目标，是指引团队方向的规则。一个高效团队，理当有具体的目标和共同的愿景。

科学、合理的分工，能正确定义团队成员应做的贡献。在高绩效团队中，每一个成员都要有清晰、明确的分工。

第四，高效团队潜规则。

高效团队的潜规则，是请与高效工作相背离的人离开团队。

高效团队要有强凝聚力

任何工作，皆有一定之法，高效工作也不例外。

在团队中，工作效率高低不仅体现了企业的管理水平，还能看出企业的员工素质，更能说明企业的凝聚力和在同行业以及市场上的竞争力。因此，很多企业或企业管理者都在为提高工作效率绞尽脑汁。

高效团队的负责人，要加强沟通协调，在团队中倡导相互尊重、相互启发、协作支援、一起迎接挑战、成果共享的集体主义精神，要理顺成员间的人际关系，保持应有的凝聚力和战斗力。

团队的凝聚力，就是团队战斗力。提升团队凝聚力的方法多种多样，不同的企业、不同的团队负责人，会有不同的方法。

一次，我受中山大学深圳研究院委托，给深圳地铁集团中层管理干部授课，就高绩效团队构建和凝聚力提升事项，从以下六个方面解读了提高凝聚力、创建高绩效团队的措施。

第一，用规范凝聚组织。

优秀的团队，都有相应的组织规范。组织规范是团队统一行动的准则。这种准则能统一团队成员的组织认知，确立行动的方向，维系团队的活动。

第二，用活动凝聚人心。

比如，很多企业每个月都要在集团下属的酒店给员工举办生日庆祝活动，组织跨部门小组开展创新、创优活动，定期组织业绩优良的员工外出旅游等，都是很好的凝聚人心的活动方式。

第三，用目标凝聚成员。

以目标为导向的业绩竞赛，也是凝聚团队成员的好方法。组织可以通过建立明确、科学的目标吸引成员，让大家在目标实现过程中沟通、协作、相互信任，在思想和感情、行为方面取得一致，形成相互依靠的整体。

第四，用核心凝聚团队。

优秀团队的负责人，都有优秀的人格魅力。华为董事长任正非的坚韧、格力董事长董明珠的率性、海尔集团董事局主席张瑞敏的睿智……都是人格魅力的最好体现。领导者自身的人格魅力和表率作用，可以内化为吸引团队成员、聚焦团队核心、形成团队内聚力的重要作用。

第五，用环境凝聚员工。

华为公司设立在东莞市松山湖的基地，就是很好的用环境凝聚员工的典型。工作环境好了，员工心情就舒畅，有助于增强团队凝聚力。大家在优美的环境中工作，彼此开心沟通，相互信任、支持，精诚协作，个人工作效率高，团队业绩增长快，企业效益也就越来越好。

第六，用成就凝聚员工。

每一个正常人，都有荣誉感，不管是在生活或工作中，都希望被领导或同事、家人认可。美的集团的方洪波，在工作中得到美的创始人何享健认可，一步步成长，现在成为美的集团董事长兼总裁。格力空调的董明珠，在销售工作中得到前董事长朱江洪认可，在销售事业部中快速成长，现在成为格力掌门人。

高效团队要有很强的执行力

纵观那些取得较好业绩的团队，无一不是在执行力方面表现出色的。所以，我们要创建高效团队，就要加强执行力，让工作目标快速转变为行动。

我在2013年出版的《适用的才是最好的：中小企业管理之道》一书中，对团队执行力作了详细解读。一个团队，如果没有执行力作为支撑，再高大上的使命、价值观，再科学的目标、计划，都是空中楼阁，再好的点子、方案，也不能塑造业绩和成功。

我在给MBA、EMBA授课时，常有学员提出"怎样有效提升团队执行力"的问题。我告诉他们，对团队负责人来说，加强团队执行力要从以下两个层面入手。

第一，加强自身执行力，从端正心态开始。

其一，多看一些励志方面的书，不断陶冶情操，转变消极观念；其二，多和心态积极的人打交道，用正面的典型感染自己；其三，认真完成好每一个工作细节；其四，总结归纳工作，检讨不足之处并设法改进，检讨自己的缺点并努力改正。

第二，加强部属执行力，要从六个步骤落实。

我在讲授《中国式执行艺术》课程时，为方便学员掌握，我把执行力落地的六个步骤和注意事项制作成图表，供学员参阅（如表5-1所示）。

表 5-1 执行力六步骤

工作目标			
	责任	1. 落实执行人，明确责任	选择适合任务要求的责任人
		2. 计划，确定完成时间	确定阶段性完成时间和整体完成时间
		3. 奖惩	制定完成任务的奖惩措施
	承诺	1. 签名	让执行人在计划书上签名
		2. 公开	将签名的计划书公开
		3. 目视	在适当的位置张贴
	措施	1. 检查时间	明确检查时间或不定期检查
		2. 检查人	检查人和责任人不能有利益关系，确保客观公正
		3. 检查结果	检查结果在适当范围内公开
	激励	1. 即时	注意激励的时效性
		2. 放大	适度扩大激励的影响
		3. 存档	作为以后晋级的依据
	结果	1. 个人总结	最好以书面形式
		2. 团队分享	相关人员分享经验与教训
		3. 新的计划	计划要切实可行
	改进	1. 制订改进计划	计划的可行性
		2. 实施计划	及时执行计划
		3. 查核改进效果	关键环节检查
		4. 改善	依照 PDCA 循环继续改善

培养专业人才和多技能工

构建高效团队的有效方式，是加强团队内部培训。要根据团队的实际需求，有的放矢地培养专业人才和多技能工。

培训工作做到位了，既能在关键时刻协调不同岗位的人员完成特殊任务，又能提高团队整体的技术水平。

2019年3月30日，我在暨南大学EMBA中心讲授《领导力与高效团队建设》课程，就"如何构建高绩效团队"进行了深入、细致的解析。

暨南大学EMBA学员大部分是企业家，所以更加关注"高效"的课题。有学员问道："刘教授，在我们企业内，中层和基层管理人员应该如何构建高绩效团队？"

中层、基层管理者更接近一线，在构建高绩效团队时，与高层领导掌握的关键点不同。我给该学员提出了以下两点建议。

第一，构建高效团队从培训入手。

要构建高绩效团队，就要加强团队内部培训，提升团队成员的工作能力、业务水平。在此基础上培养多技能工，并端正团队成员的工作态度。

第二，加大专业人才培养力度。

对中层和基层管理者来说，要根据团队实际需求培养专业人才和多技能工。这样既能在关键时刻协调不同岗位的人员完成特殊任务，又能提高整体技术、业务水平。

第四节　士气高昂，激情缔造好业绩

士气在管理中所起的重要作用，已经被越来越多的企业管理者和业绩追求者高度认可并大加弘扬。如果你是一个团队的负责人，要想让你带的团队充满生机，就要让团队成员充满激情、活力和斗志，就要把员工的士气调动起来，强化团队的战斗力和执行力，帮助企业提升竞争力。

2013年，我在人民邮电出版社出版《给你一个团队，如何提升士气》一书，在书中，我重点介绍了激发员工士气的方法和渲染团队士气的措施。在此简要叙述团队士气与高效之间的关系。

邱斌的故事

在团队中，缺乏士气的员工表现比较消沉。他们工作没有热情，得过且过，敷衍塞责，抱着"当一天和尚撞一天钟"的心态混日子，最终成为团队的累赘或毒瘤。

10年前，我在主导一个集团公司实施企业管理变革项目时，认识了该公司的年轻职员邱斌。邱斌在该公司的成长经历相当简单。入职该公司时，邱斌只是储备干部。但他浑身充满了正能量，说话大嗓门，做事雷厉风行，对待工作的热情像一团火，感染着团队中的其他成员。与他合作过的员工几乎都受过他的影响，工作效率有了不同程度的提升。

公司扩张，正是用人时期，他做了很短时间的储备干部，就被任命为基层管理人员。当了负责人后，邱斌的工作士气更加高涨，凡是交给他的任务，不管困难度有多大，都会努力完成，从来不找借口，很得领导赏识。高昂的士气是高效工作的重要条件。因为邱斌的高效率和好业绩，领导对他愈发器重，所以，他很快就从基层干部成长为主政一个部门的主管。

类似邱斌的人，在职场上并不少见。一个士气高昂的员工，工作心态端正，能积极寻求高效工作方法，为提升业绩不懈努力。有了这样的条件，同事喜欢、上司赏识、领导器重，成长道路就畅通无阻。

企业中，团队士气作用重大

在企业中，缺少士气的团队斗志低迷，不会有好的业绩产生。这样的团队，让领导头痛，让企业背负沉重的负担。在提升团队士气方面，团队主要负责人自身的士气相当重要。我们继续看邱斌的故事。

邱斌主管的是押出车间，在电线生产企业，押出工序是公司的核心部门，技术含量和工艺要求都很高。邱斌上任后，继续保持高昂的工作热情，并将这种热情转化为团队高效工作的士气。在他的率领下，押出车间整体效率和业绩得到明显提升。

公司领导看邱斌工作热情高涨，团队业绩相当好，是个有培养潜力的干部，升任部门主管不久，总经理又提拔他任生产部副经理，协助总经理统管全公司的生产运营。

第五节　凝聚人心，机制教育塑职商

企业要实现高效率好业绩的经营结果，也应该学会凝聚人心，掌握打造高效团队的方法。

建立以人为本的机制

就带兵者而言，古今中外，很少有哪个带兵的将帅像毛泽东一样尊重士兵，倡导官兵一致、上下同欲。在毛泽东领导的军队里，真正体现了"以人为本"的理念。

对军队干部来说，"官兵平等、上下同欲"的道理谁都懂，但却极少有人能够做到。毛泽东不但做到了，还形成了独特的军事作风。

企业管理也是如此。那些取得重大成就的企业，都在人本管理方面凸显出自己的优势。国外的微软、通用、松下、丰田如此，中国的华为、格力、海尔同样如此。

统一思想有方法

"我们共产党有一条，就是要把工作做好，必须先从思想上解决问题。"要提升士气，不解决思想问题是不行的。一个人做事情，他自己愿意做和命令他去做，其结果是不一样的。如果解决了思想上的问题，让做事的人没有抵触情绪，心甘情愿地配合，他就会付出所有努力，用"多、快、好、省"的心态去完成。

在给高校MBA班授课时，我常向学员倡导一个理念：在管理工作中，要提高团队士气，就要做好统一思想的铺垫工作。只有将员工思想统一了，大家"心往一处想"的时候，才会"劲往一处使，汗往一处流"。

企业统一团队成员思想，要了解以下几个方面问题。

第一，统一思想，要从上面抓起。

如果一个员工的思想不能跟公司保持一致，只会丧失一个人的执行力；一个管理干部如果思想上不能跟公司保持一致，就会导致一个环节出问题，就会影响公司目标的实现。可以说：上面出一点问题，下面就可能问题成堆。

第二，把统一思想看作是实现目标的前提。

每个团队都有要达成的工作目标，而统一思想就是为达成工作目标做准备。

可以说，我们只有统一思想，才能做到令行禁止；只有统一思想，才能强化团队执行力；只有统一思想，才能确保目标的实现！

第三，思想统一，才能一切行动听指挥。

一个团队或一个组织，如果思想不统一，就会上有政策、下有对策，设定的目标和制订的计划难以有效达成。

我们常说，中国革命的成功，一是有共同的信仰，二是有铁的纪律。《三大纪律八项注意》中，第一条就是"一切行动听指挥"。正是有信仰和纪律作为保障，中国革命的成功才来得更快。

优秀企业这样做

2012年5月3日，我的QQ上突然弹出：刘老师，在线吗？您出版的书籍《带着答案来找我》，公司部分员工读后深受启发，现在想跟您订购一批，准备全员学习推广。这是广东星河生物科技股份有限公司人力资源部负责培训工作的叶汉宁先生发的消息。

我曾对星河生物科技公司管理干部进行过系统的培训。在培训课堂上，我有时会将自己撰写出版的管理书籍作为奖品赠送给那些积极参与互动并表现出色的学员。《带着答案来找我》是我在2011年出版的，里面着重阐述了干部、员工如何培养积极的心态，如何在工作中发现问题、思考解决问题的答案并有效解决问题。书中介绍了许多解决问题的技能和提升解决问题能力的方法，还穿插了丰富的案例和情节，很适合企业干部阅读。广东星河生物科技股份有限公司部分干部阅读后反映良好，所以他们公司又一次性订购130本，要在总公司和分公司所有干部中学习推广。

优秀的公司和高效的团队，都善于在干部、员工教育培训方面做文章。我给广东外语外贸大学MBA班授课时，仅深圳宝鹰集团就有17位高层领导在该班进修，他们这几年的业绩非常骄人。

某集团三大措施塑职商

拥有万人规模的广东某空调集团，在教育培训方面更是多管齐下。

第一，报纸宣传定方向。

集团报纸从创刊到现在，已近20年时间，不但每期都按时出刊，董事局主席李先生还坚持给每期报纸写头版头条文章。这些头条文章，起到了给集团指方向、定调子的作用。

第二，《晨录心语》鼓士气。

每天早上，公司员工都会在微信朋友圈看到公司宣传栏目编发的激励人心的文章，读之让人心潮澎湃、斗志昂扬。集团董事局主席将每天早上编发的激励文章的栏目命名为《晨录心语》。

每到年终,集团会把《晨录心语》栏目推送的文章编撰成书。这些教育形式,凝聚了人心,为企业文化注入了深刻的内涵和进取的动力。

第三,"头雁计划"助发展。

在强化培训学习基础上,公司筹建起商学院,制订内部讲师培养"头雁计划",对公司高、中、基层实施系统性培训。

这些措施为公司职员的职商塑造和业绩增长打好了坚实的基础。

第六节　找到妙方，营造高效率氛围

作为企业管理培训、咨询的资深从业者，我对中小企业的管理与发展关注特别多，就中国的中小企业现状、管理水平、未来发展与高效团队建设问题，进行了深入的调研和系统性探索。

温州老板的困惑

在珠江三角洲、长江三角洲和内陆省市，我对中小企业经营者与管理者进行过多场次培训，并结合中国的中小企业现状和管理需求、发展方向等问题，撰写多篇文章。应中国电力出版社邀请，于2013年10月出版了适合中国中小企业经营者和管理者学习的著作《适用的才是最好的：中小企业管理之道》，就中小企业构建高效团队话题进行了深入探讨。

2016年，我受北京航空航天大学温州研究院委托，给温州市企业家训练营营员讲授《中小企业生产效率提升与成本降低》课程，并就中小企业发展深入探讨。

课间休息时，一位年轻的企业老板问："刘教授，为什么同样的机器设备和原材料，同样的生产工艺和操作人员，在不同的企业或不同的主管带动下，发挥的效力是不同的？"

老实说，这问题提得有些幼稚。但那位老板比较年轻，没有管理经验,他告诉我,他家的工厂平时是父亲在管理,近期因为父亲身体不适,工厂由他临时代管。

我告诉那位学员:"这是因为各个企业的文化不同,员工的士气高低和技术熟练度不同,主管带团队的领导力和管理技能不同,所以在效果方面才会产生如此不同的反差。"

年轻老板点点头,又感叹道:"想不到管理企业这么复杂!"

我继续启发他:"一支高效的团队,领导者首先要有理性的思考、周密的计划,其次要带领大家快速行动,与此同时,还需要营造高效工作的士气和热情。"

年轻老板虔诚地问:"刘教授,我要在工厂营造高效率的工作氛围,需要什么方法呢?"

其实,任何团队、组织在营造高效工作氛围方面,方法基本是大同小异的。我建议那位年轻老板从激发员工比赛兴趣、每天进步一点、培养高效习惯等几个方面努力。

激发员工的比赛兴趣

大多数员工都有强烈的好胜心理,团队负责人可以把一个大群体划分为若干个小群体,在群体与群体或个人与个人之间发起效率比赛,给优胜者颁发奖品或适当的精神鼓励。尤其是在手工含量较高的劳动密集型行业,适当组织效率比赛,既可以打破死气沉沉的工作气氛,激发员工的热情,提高效率,又能了解最佳工作状态下的产能,为以后制订生产计划提供客观的操作数据。

团队负责人如果能带领员工在热火朝天的氛围中做事,不但能提高工作效率,也能减少员工在没有活力的环境中产生的压抑感。

每天进步一点点

海尔集团提倡的"日清日高"管理法,要求"每天提高 1%"。如果每个员工一天提高 1%,一个周期干下来,整个团队的业绩就是一个很可观的数字。

团队负责人要鼓励成员进步,倡导当天工作当天完成、每天进步一点点的积极工作态度,更重要的是要把"每天进步一点点"的理念转化成工作的目标,并且能有效坚持下去。

培养高效工作的习惯

在日常生活和工作中,每个人都有习惯,但习惯有"好习惯"和"坏习惯"之分。我们要创建高效团队,无疑需要"高效工作"的好习惯。

团队负责人要常常用正确的工作方法和积极的工作理念教育、引导员工,帮助团队成员养成高效工作的好习惯。

对个人而言,一个人养成了高效工作的习惯,既有利于在职场取得成功,也对整个人生有积极作用。

第七节　六项举措，团队业绩持续增

现在是强调效率的时代，大家都知道效率的重要作用，所以，关于工作效率的话题，每个人都不能回避。但要成为职场的优胜者，还要掌握高效工作的技巧。

高效，要有正确效率观

思想观念对于个人成长是非常重要的，但思想观念可以通过不断地学习逐步升华。一旦树立起正确的效率观念，就能从内心世界给所做的工作打上高效烙印。

许多成功的人士，也常常得益于他们的效率观比别人棋高一着。

唯有树立起高效意识，然后寻求快捷的工作方法，才能创造出理想、快捷的工作业绩。

高效，要有正确时间观

这几年从事生产制造的中小企业日子不好过，订单减少，成本增高，招工困难，融资困难，内部管理又比较低端，内困外扰的问题非常多。不少中小企业甚至陷入了困境。针对此种问题，我审时度势开发出《新形势下中小企业困局与管理变革》课程。

东莞市某培训机构对我开发的这个新课程很感兴趣，邀请我于2018年9月6日在东莞市给中小企业经营者授课，培训地点设在离我住处半小时车程的一个酒店。课程开始时间定在6日上午9：00，主办方5日下午告知我，他们安排车子6日早上8：00赶到我的住处，接我去酒店培训室，我在微信上发了定位。

6日早上，我早早起床，收拾停当才刚到7：00。按照时间计算，开课的酒店到我住处大约半个小时的车程，我们可以在8：30赶到授课地点。考虑到8：00左右是容易塞车的时间段，我发微信建议机构尽量在7：40左右接我，预留一些时间以防出现意外。于是，我就背上电脑包，提着10多本要在课堂上作为奖品发放的我出版的书，走到方便上车的马路边，等对方车子到来。

结果，机构那边没看到我在早上发的信息，依然按照之前预定的时间出发，中途又遇到轻微塞车，8：08分才匆匆忙忙赶过来，并且接我的人没注意我就站在马路边，车子直接开到我住处了。我在电话中让他折转过来，并告诉他我就在马路边等，过了几分钟，还是等不到，就打他电话，原来他没注意到我站在马路边，向前开过去了。等我再联系他时，车子已开过去2公里多了，并且还遇到了红灯。

经过这一番折腾，等我上车时，时间已过8：30。我只好与机构已在培训会场的工作人员联系，准备万一我不能在开课前赶到时，让他们想办法变通一下。

好在这次去酒店的路上比较顺畅，宝马车一路狂奔赶到培训现场时，离开课时间只差一分钟。所幸机构工作人员已将投影仪和培训场地摆放、调试好了，没有出现大问题。

其实，导致这种窘况的重要原因，就是我和机构在信息传递方面出现了问题，险些造成开课延误。

讲完《新形势下中小企业困局与管理变革》课程，我和机构同事对早上出现的失误进行总结，便于以后在工作中遇到类似问题时及时解决。总结得到以下三点启示。

第一，提前把事情定义清楚、明白，尽量不要在中途改变。

第二，中途出现异常情况需要变通时，尽量和当事人直接沟通，不让信息中转，以免因信息传递滞后或传达不清耽误时间。

第三，在处理事情时，尽量把可能遇到的困扰因素预估一下，对预估不到的困扰，要在时间方面做适当预留，免得在问题出现时措手不及。

陶瓷样板的故事

要实现工作高效，除了上面的努力之外，还要学会变通，寻找行之有效的第二条或第三条路。

二十年前，我在一家生产陶瓷工艺品的港台合资企业任课长，负责生产和研发。公司接到一家贸易公司的样品开发单，其中一款是一只站立的小羊。

陶瓷虽然是中国传统艺术的象征，但受制作工艺和烧成温度限制，在艺术呈现方面存在一定的局限性。比如那一款小羊，其形体造型是四条腿站立，做摆饰用。这样"四条细腿支撑一个大身体"的造型，在制作过程中难度较大。首先，在泥坯注浆时要将腿切成附件，整修时再将附件（腿）接在主件（身体）上。制作过程中腿易断，同时受干燥收缩影响，也容易开裂，报废率很高。其次，坯体在高温烧成时容易变形。虽然在打样时能解决"高温烧成变形"的问题，但制作成本太高。

我在签发样品制作单时，将这个问题写了上去，还特意备注了说明。

过了两天，香港老板找我讨论此事。他告诉我，那家下样品开发单的贸易公司，下单给工厂的单价都不高，所以制作成本不能过高，否则工厂就没利润。因香港老板自己也是贸易商出身，对陶瓷生产工艺一知半解，所以就要求我想办法。

回去后，我左思右想也没有结果，就暂时放下。

几个小时后，在无意翻阅一本杂志时，我看到一幅春天的风景图。图景一角，一只小羊站在绿色的草地上仰望蓝天。

我突发奇想：如果在那款"小羊"样品的肚子下面加一丛草，将造型修改为"小羊站在草丛上"，用"草"支撑小羊肚子，就不用再将"小羊"的四条腿切成附件，可以将整个样品一次注浆成型，既减少接附件的人工成本，也能减少泥坯制作阶段产生的报废现象，在高温烧成时，也不会变形了。但这样修改，就改变了原本的结构造型，那家下样品开发单的贸易公司会同意吗？

带着这样的构想和疑问，我去和香港老板商讨。没想到老板完全同意我的构想："你尽管大胆修改，那家下样品开发单的贸易公司，我说服他们。因为这套'马槽'是一个系列的样品，小羊只是其中一个摆饰，起到点缀整个系列的艺术效果。"

结果，那款"四脚站立的小羊"被修改为"小羊站在草丛上"的造型。我们又在草丛部位加上彩绘，变成了"一只白色小羊站在绿色草丛上"，形态栩栩如生，不但赢得了客户的好评，还降低了制作成本。

高效，应随时记录想法

每个人都可能有很多灵感、想法，关键是我们要学会将它们记录下来，有效利用。

如果留意一下，我们就会注意到，有些时候，我们脑子里冷不丁蹦出一个让自己欣喜不已的想法，也总想记录下来，可当我们急于找纸找笔的时候，发现这个想法已经"溜走"了。

前些年管理工厂的时候，我常在口袋里揣一个袖珍型的日记本，把要办的事情和要处理的问题，都记在本子上。现在通讯发达了，我便充分利用手机的优势，把大脑里偶尔跳出的写作灵感和想法，用手机及时记录下来，有空闲时间时再整理。那么，如何有效作好记录呢？

第一，好记性不如烂笔头。

如果留意一下高效能人士的工作习惯，你会发现，几乎每一个高效能人士的口袋里或挎包里，都准备有随时记录的笔和本。

我是职业培训师和经管作家，更需要随时记录灵感和想法，所以口袋里和挎包里永远都有一套笔和本。如果你想成为高效能人士，不妨养成记录想法的好习惯。

第二，用好手机这个宝。

在微信里，有一个方便随时记录的功能：文件传输助手。打开此功能，你可以随时记录，将那些转瞬即逝的灵感和想法永久保存起来，方便随时查看。如果需要，还可以随时连接拷贝到电脑上。

超越一点：她从普工到干部

我在某集团调研时，访谈到一位1995年入职的资深员工，叫王秋华。问起她在集团的成长时，她说："我加入集团23年来，目睹了公司的进步。那时候，全工厂只有200人左右，车间规模很小。23年来，公司从200人扩大到现在10万多人，每天都在进步。"

当谈到她自己的进步时，她自信、从容地说："刚入职时，我只有初中文化，在生产线当员工。李总常常鼓励我们要追求进步、自强不息。在李总的教导和影响下，我参加了公司与大专院校联合组织的在职培训。刚开始时，因为我文化底子薄，大专的教材看不懂，我就先学高中的知识。我是笨鸟，知道笨鸟要先飞，每天都坚持比别人多学习一点。终于，我把高中的教材学完了。有高中知识作基础，大专教材就看懂了。我们在职学习，是学完一科考试一科。几年前，我学完了所有科目，拿到了大专文凭。有了学历，工作和待遇都和在一线当普工时不同了。拿到大专文凭不久，我就调到了计划调度中心，任考评专员。"

在日常工作中，我们不论是超越别人的一点点，还是超越自己昨天的一点点，都极有可能成为决定你工作效率或人生进步的关键点。

学会把握行动时机

酒店大亨希尔顿早年追随淘金热潮去海外淘金。不幸的是，他没有挖出一块金子。

当希尔顿以无比沮丧的心情准备回家时，却得到了一个比金子还要贵重的商机——开设旅馆。希尔顿迅速把握了这个商机。所以，当别人都在忙于淘金时，希尔顿却在忙着建旅馆。

那些淘金的人需要住宿，对于刚加入淘金队伍或者没有淘到金子的人来说，都不会选择住酒店。于是，希尔顿开办的收费低廉的旅馆，便成为淘金者的首选，生意迅速火爆起来。

顺理成章，希尔顿成了有钱人，也为他后来发展酒店业打下了基础。

在日常工作中，如果我们也能像成功人士一样把握好行动时机，也可以收到事半功倍的效果。

第六章　好业绩团队构建措施

我近期配合广东省质量技术监督局卓越质量品牌研究院，在广东省推行"卓越绩效模式"，以便让这个中国国家标准的企业运营管理模式，在中国企业落地生根，开出高效之花，结出卓越绩效之果。

卓越绩效，是通过综合的组织绩效管理方法，为顾客、员工和其他相关方不断创造价值，提高组织整体的绩效能力，促进组织获得持续发展和成功。

卓越绩效的标准评价条款由国家质量监督检验检疫总局提出，由全国质量管理和质量保证标准化技术委员会归口，由中国标准化研究院、北京工业大学、中国质量协会、中国人民大学、上海质量管理科学研究院、上海三菱电梯有限公司、宝钢集团有限公司等单位结合中国企业的实际情况，并依据GB/T19580-2004《卓越绩效评价准则》起草（修订）的企业管理标准模式。同时，中国标准化研究院、中国质量协会、北京信息科技大学、厦门ABB开关有限公司、中国移动通信集团广东有限公司、海尔集团参与了GB/T19579-2012《卓越绩效评价准则实施指南》的起草（修订）工作。

我经过一段时期对"卓越绩效模式"的研究与推行认识到，GB/T19580-2012《卓越绩效评价准则》是真正适合中国企业的管理运营模式和评价措施。

2018年，我结合中国企业的特征，开发出适用总裁班学习的《卓越绩效之"企业高利润系统"构建》《卓越绩效之"企业低成本系统"构建》《卓越绩效之"企业降本增利系统"构建》三门课程，开讲后，很受中小企业老板欢迎。这就说明卓越绩效模式紧扣中国企业管理运营的"主题"，能帮助中国企业实实在在解决问题、降低成本、提升经营绩效。

我辅导实施卓越绩效项目的企业，既有千人规模的物业企业——广东东联物业管理有限公司，也有万人规模、年产值600亿元之多的商业帝国——广东志高空调集团，还有著名游乐行业——长隆水上乐园等。这些优秀的民营企业，都对卓越绩效模式在中国企业的适用性给予极高的评价。

卓越绩效模式强调的企业管理七大要项分别是：领导，战略，顾客与市场，资源，过程管理，测量、分析与改进，经营结果。这样的运营模式，不但适合企业构建整体高绩效，其措施和核心管理要素，也同样适用于部门构建高绩效团队。

第一节　头狼效应，强将手下无弱兵

在《卓越绩效评价准则》中，排在七大要项第一位的就是"领导"。所以，团队负责人的重要性可想而知。

华为的"狼文化"获得成功后，企业界便给"狼"赋予了特殊的色彩。人们时尚地昵称企业领导者或团队一把手为"头狼"。像华为的任正非、海尔的张瑞敏、格力的董明珠、美的的方洪波等，这些著名企业家都是"头狼效应"的典型代表。

志高空调集团董事局主席李兴浩先生是带团队的高人。我把李兴浩先生带领志高公司这个大团队在商海打拼二十多年的经验，总结归纳为以下几个重点。

能先干一步，才好当干部

李兴浩先生认为：一个只擅空谈的团队负责人，是带不出高效团队的。优秀团队负责人，首先是一个带头人，在工作中要有逢山开路、遇水架桥的本领。

可以说，弱势的领导，带不出高效的团队。要打造高效团队，作为团队负责人，自己必须功夫过硬，要逐步精通自己管理部门的业务和核心技术，工作上不等不靠，要有先走一步的行动力，在部属面前能起到表率作用。

沟通到位，管理不累

在团队中，一些重要的工作需要有宣传发动的过程，以此统一思想，消除团队成员在认识上的分歧。那些"哑巴吃饺子心里有数"的老黄牛式管理干部，很难带出高效率的团队。高效团队需要沟通到位，要事事沟通，遇到问题即时沟通。那些优秀团队负责人，都有一定的口才优势，善于与人沟通和做思想工作。

经营企业二十多年，李兴浩先生练就了非常卓越的口才。在语言表达方面，他那洪亮铿锵的声音、妙语连珠的口才、丰富多变的肢体语言很富感染力。因此，他带领高层制定的战略、目标、计划，很容易说服中层、基层干部员工，得到快速执行。

作为团队负责人，不管你带的团队规模大小，建议你都要锻炼好口才，提升沟通能力，只有练就了与职务相匹配的"嘴皮子"功夫，沟通到位，才能有效说服团队成员，沟通到位，达到高效管理的效果。

用好一支笔，缔造好业绩

一个善于写作的领导者，能用一支笔将自己的思想、观念、期望等准确地传达给部属，将对工作的要求、标准、规则等准确地传递给部属，让团队成员从思想上、行动上与自己保持一致，这是领导的最高境界。

那些成就辉煌的企业领导者，都很擅长利用笔杆子这个法宝。格力董事长兼总裁董明珠出版的著作有《行棋无悔》《棋行天下》等，志高空调集团董事局主席兼总裁李兴浩出版了著作《品牌公理》。海尔的张瑞敏、联想的柳传志、阿里巴巴的马云等，都有自己的专著出版。

我在给广东外语外贸大学企业家训练营讲授《高效团队构建》课程时，有企业家学员向我请教"企业经营者怎样识别各层级负责人能力"的话题，我谈了自己的观点。

一个能干但不能说、不能写的企业干部，他的能力适合当基层干部，带一个小团队。因为小团队战斗在第一线，其负责人要有身先士卒的带动性。

那些能干、能说但不能写的企业干部，其能力适合中层管理工作，能带中等规模的团队。中型团队处于企业"夹心饼"位置，既要解码高层的战略、目标、规划，又要将那些战略、目标、规划制订成可以落地的计划，并督导基层团队实施。在这个过程中，要做好许多的解说、说服、沟通工作，才能保证公司战略目标得到有效落实。所以，中层干部口才差的话，是难以带好团队的。

那些能写、能说也能干的人，具备带好大团队的潜质，适合在企业高层任职。越往高层，总结性、前瞻性、思考性、说明性事项越多。如果高层干部仅是能干、能说，企业很难做大做强，所以，高层干部需要相应的文字表达能力支撑岗位工作，才能实现高效率、高绩效的经济效益。

好领导是"链合"高手

汉高祖刘邦谋求霸业成功之后，大宴文武百官。大家喝到高兴处，刘邦向文武百官询问自己与项羽的区别。文武百官历数了刘邦诸多的优点。刘邦听后摇摇头说："夫运筹帷幄之中，决胜千里之外，吾不如子房；镇国家，抚百姓，给饷馈，不绝粮道，吾不如萧何；连百万之众，战必胜，攻必取，吾不如韩信。此三人者，皆人杰也。吾善用三人杰，此所以取天下者也。"百官听后，心悦诚服。

我在广东志高空调集团指导实施卓越绩效项目时，就"领导作用"话题访谈集团董事局主席李兴浩先生。李先生说："好的领导者是链合专家，让有能力者充分发挥作用。"

优秀的团队负责人，都善于调动大家的积极性，形成团队合力，众人一心争创卓越绩效。

第二节　团队文化，高效率的软环境

团队负责人的一个重要的职能，就是营造充满正能量的团队文化。一个高效团队，其文化也一定蕴含着丰富的高效因子。

我与人事主管的分歧

企业文化，从某种意义上说就是"老板文化"。那么依此类推，部门文化也基本类同于"主管文化"。主管的素养和行事风格，严重影响着部门的效率和业绩。

二十五年前，我在广东一家港台合资企业任课长时，经历过这样一件事。在我管辖范围内的包装部，主管因故离职，公司要在包装部几个班长中提拔一名当主管。当时的人选有两个：一个是大专毕业，做事四平八稳的靳某；另一个是连初中也没读完，但却干劲十足的刘小姐。在常人心目中，大专毕业的靳某肯定是笑到最后的人。人事部门在上报包装部主管人选时，也将靳某列为第一候选人，把刘小姐排在第二位。包装部在我管辖范围内，主管任免需要征求我的意见。

当人事部主管将晋升资料送给我审阅时，我问她为什么这样排列名次？她振振有词地回答："包装部把住出货的最后一道关口，是公司一个重要的部门。包装使用的材料、出货的明细资料和彩盒、外箱上面，有许多英文的内容，这些英文需要一定的文化水平才能看懂弄明白。靳某是大专毕业生，有着学历方面的优势。而刘小姐连初中也没读完，在文化方面来说是不胜任主管职务的。"很显然，人事部主管是按照惯性思维在确定包装部主管的人选。有些公司在确定干部提升时，也常走进这样的误区。

我对人事部主管说："我的思路和你恰恰相反。我认为刘小姐比靳某更适合担当包装部主管。"

人事部主管有些不解地问我："刘课长，请问这是为什么？"

我告诉她："让靳某当包装部主管，包装部会在资料方面少出差错，但部门的工作效率会大打折扣。因为他自身欠缺激情，只能按部就班地开展工作，不能很好调动大家的积极性。而刘小姐则不同，她虽然在文凭方面逊色一些，却能将包装部带成一个生龙活虎的'效率型'团队。"

人事部主管不同意我的观点："他们两个都有优势和缺憾，应该说是旗鼓相当啊。用发展的眼光看，还是靳某最合适。"

因为我是生产课长，职责是负责生产，人事部门不在我的管辖范围之内。包装部主管虽然是我的直接下属，但对其职务任命来说，最后拍板权在经理和总经理那里。作为生产课长，我只能就"包装部主管任命"发表见解。但我对这两个人选非常了解，知道各自的优势和缺点。刘小姐虽然是个女孩子，但却是一个活力十足、士气高昂的人，性格比较中性。她手下十几个男员工对她佩服得五体投地。许多困难的事情交给她的班去做，只要她一挥手发话，班上的工作积极性很快就能调动起来。我们经理对她高昂的士气非常欣赏。而大专毕业的靳某则是一个四平八稳的"老奶奶"性格，做事谨慎有余，激情和魄力明显不足。

人事部主管是"理论型"干部，总觉得文凭比干劲更重要。我对经理和总经理比较了解，知道他们不会让靳某这样的班长当主管。看人事部主管对我的观点不能苟同，我就想让她对提拔干部有更深一层的认知，于是笑着说："这样吧，我在你送来的晋升资料上签字同意，你把资料报送给经理和总经理审批，看看他们是什么意见。"

人事部主管拿着我签过字的晋升资料去找经理，经理出差去了美国，她就直接去了总经理室。总经理是香港人，做事很审慎。他认真看完晋升资料，慎重考虑了一会儿，结果确定刘小姐为包装部主管。

显然，总经理做出的决定让人事部主管不能理解。她有些不甘心，就将自己为什么把刘小姐定为第二人选的想法向总经理表述出来，并试图说服总经理同意她的观点。

总经理对包装部的班长很了解，似乎是想给人事部主管一些教育，于是就将自己作为老板的苦衷和真实目的告诉了她："我也知道刘小姐文化程度不高，之所以这样定位，是考虑到一个部门主管需要有相当高的工作激情来影响和带动员工。在包装部，刘小姐带的班，工作士气非常高。从每天的报表数字来看，她带这个班的工作效率比靳某带的班要高出三分之一以上。如果让靳某当包装部主管，以他的大专学历来说，他会让包装部在包装材料使用和包装明细核对方面少出差错，但整个部门的工作激情一定很低，这无形中会增加包装的成本。让刘小姐当主管则不同，就算公司再给包装部配一个精通英文的大专生做主管助理，公司的总体成本也会比让靳某当主管划算。"

经过这件事情，人事部主管对团队士气和效率的重要性有了很深刻的认识。以后再甄选干部时，她也学会把效率观纳入考核范围了。

不同文化孕育不同的团队业绩

如果在企业细心观察一段时间，你就会发现，尽管企业的总体文化是相近的，但企业文化在不同部门的表现是不相同的。这和部门主管的文化素养、个性、行事风格有很大关联性。

对企业经营者来说，在甄选主管时，尽量审慎行事。因为不同素养的主管，会孕育出不同的部门文化，而不同的部门文化，创造的团队业绩是不一样的。

第三节　人员管理，技巧也能促高效

2018年7月中旬，我作为广东卓越质量品牌研究院卓越绩效项目专家，到广东长隆集团调研，就管理者在工作中如何运用管理技巧提高工作效率和管理效果的问题，与长隆集团行政部负责人进行探讨。

经营游乐项目的长隆集团，企业的过程管理显然卓有成效。集团良好的业绩是全体成员高效工作结出的丰硕成果。如何使用最佳的、适用的方法加强人员管理，让团队成员齐心协力、众志成城，以高昂的士气投入工作，共同缔造团队的辉煌业绩？

我在讲授《卓越绩效之"高利润系统"构建》课程时，引导学员深入探讨过高效管理方法问题。《卓越绩效评价准则实施指南》对过程管理中采用方法的有效性定义了四个评价要素（即A—D—L—I）。

A：方法（Approach，具有适用性）

第一，过程管理中采用方法的适宜性，包括对标准评分条款要求和组织实际的适宜程度。

第二，采用方法的有效性，是否导致了好的结果。

第三，方法的系统性，包括可重复性以及基于可靠数据和信息的程度。

D：展开（Deplovment，方法可持续性）

第一，过程管理中采用的方法是否持续应用。

第二，方法是否在所有适用的部门应用。

L：学习（Learning，方法的完善性）

第一，通过循环评价和改进，对过程管理中采用方法进行不断完善。

第二，鼓励通过创新对过程中采用的方法进行突破性的变革。

第三，在组织的各相关部门、过程中分享方法的改进和创新。

I：整合（Integration，方法与组织协同性）

第一，过程管理中采用的方法，与在组织概述和其他评分条款中确定的组织需要协调一致。

第二，组织各过程、部门的方法协调一致、融合互补，支持组织使命、愿景和战略目标的实现。

高效团队人员管理二七一法则

在讲授《卓越绩效之"企业高利润系统"构建》课程时，我就"加强人员管理建立高效团队"的方法进行重点讲解，详细解读了人员管理的二七一法则。

第一，二七一法则解读。

二七一法则，指的是企业职员的职业素养构成，意指20%的职员是优秀的，70%的职员是普通的，10%的异常或劣等职员是应该被淘汰的。

第二，二七一法则操作明细。

首先，对20%优秀人员，要发挥榜样作用。事实证明，20%的优秀人员是富有活力和创造力的卓越群体，是企业最需要的精神财富。优秀的团队负责人，善于发挥优秀员工的带动作用，用优秀员工的事迹影响、感染普通员工，是树正气、立新风的有效管理措施。

其次，对70%普通员工，要稳定并提升其素养。70%的普通员工，就是企业稳定的基础。要让企业在稳定中求发展，普通员工的素养提升非常重要。员工的素养从哪里来？除了人力资源部门在招聘时严格把关外，接下来就要靠管理干部通过培训、教导、培养等方式提升。

对团队负责人来说，要让70%的普通员工打好素养基础，管理干部就要在培训、培养方面投入相应的时间和精力。只要方法得当，收到的效果，一定会和投入的时间和精力成正比。

再次，对10%的异常（劣等）员工，要分化并淘汰。优胜劣汰，是社会发展的必然规律。对于极少数异常或劣等员工，可采用以下两种对应措施。

措施一：教育分化，给予改进的机会。对后进员工分化教育，既是给愿意改进的员工重新工作的机会，也是帮助企业缓解"用工荒"的补救方式。

措施二：果断淘汰，不让后进员工拖后腿。对于极个别顽固不化、拒不改进自己的劣等员工，一定要果断淘汰，免得让一只苍蝇弄脏一盘菜。

教育分化后进员工的效果，体现的是团队负责人和管理干部的包容心和责任感。果断淘汰劣等员工，则是展示管理者的魄力和果敢。

第四节　人才培养，提升业绩好措施

高效团队的负责人，都善于在团队中培养人才。因为他们懂得：培养人才是提升团队业绩的重要手段和措施。

盘点现有人才

做好团队人才的盘点工作，掌握各专业现有人才数量，厘清团队发展对各专业人才的需求。这样能让人才培养按照团队发展需要有条不紊地开展，更有利于高效团队建设。

制订团队人才培养OJT计划

团队人才培养OJT计划分为两个类型：单位（组织）OJT计划和自我OJT计划。

第一，单位OJT计划。

按照团队培养人才的实际需要，确定培养的方式、方法、时间、批次、场所、教材、费用等相关事项。

第二，自我OJT计划。

鼓励相关人员实施自我OJT，帮助他们厘清职位需求的能力和现有的瓶颈，指导制订自我OJT计划，并督导落实情况。

正确看待人才"眼高手低"现象

在日常生活和工作中，常会看到或听到"眼高手低"这个词。在一般人看来，"眼高手低"是用来嘲讽那些想法很多而能力较低的人。其实，"眼高手低"是比较正常的人类行为。

现实中的许多事物，从眼光转化为技能，需要一个实践环节或训练过程。

二十多年前，我在惠州市一家台资企业任职行政科长时，总经理胡先生分享了他对此事的看法。他说："我们行政和人力资源干部在选人用人时，需跳出一般人的思维误区。任何一个人，要是眼光不高于自己的实际动手能力，反倒是悲哀甚至可怕的事情。只有当眼光高于技能时，才能促进能力提升，促进全面发展。反之，如果一个人能力并不低，可是眼光较差，这样的人是没有什么长进的。你们管理干部在选人用人时，要注意这个问题。"

胡总别具一格看问题的观点，让我耳目一新。也正是从那时起，我对"眼高手低"这个词语和含义有了积极的认知。

胡先生深入剖析道："那些眼低手高的人，可能会是一个不错的匠人，却难成为有思想的战略家、有创意的设计师、有良策的思考者。因此，但凡志在未来、追求成长的人，必须'眼高手低'。当然，这个类型的人还应尽力加快实现从眼光向能力的转化。"

第五节　学习提升，培训促使快成长

学习能力是一个人在职场上、在社会舞台上拥有的最给力的竞争力。一个团队要高效，必须拥有强有力的学习能力。

学习，让卓越走向自己

前几天，我在微信朋友圈看到一个帖子——《这些文艺大师学历低得吓人》，帖子中罗列了很多我们耳熟能详的大师，他们的学历并不高，但他们有一个共同的特点：学习能力很强。

有的人走出学校门，学历和学习能力都定格在一纸文凭上了。而那些成就卓越的人，走出学校门是下一次学习的开始。所以，他们的事业成就或职场进步，都和后天的学习与努力关联最大。

华罗庚的故事

话说1930年的一天，清华大学数学系主任熊庆来坐在办公室里看一本《科学》杂志。看着看着，熊庆来教授不禁拍案叫绝："这个华罗庚，是哪国留学生？"

周围的人茫然地摇摇头。

熊庆来教授不甘心，又问："他是在哪个大学教书啊？"

办公室的人面面相觑。

过了好一会儿，一位江苏籍教员仿佛想起了什么，慢吞吞地说："我弟弟有个同学叫华罗庚。不过，他不是在大学教书，而是在一个杂货店当店员。"

熊庆来教授表情有些疑惑，问那位教员："华罗庚，一个杂货店的店员，居然能写出这样高深的数学论文？"再问，"他的学历一定很高吧？"

那位教员摇摇头："华罗庚没什么学历，只念过初中。不过，听我弟弟说，他非常好学，尤其是对数学方面的知识特别感兴趣，简直到了痴迷的程度。"

熊庆来教授表情兴奋起来："华罗庚，一个初中毕业的年轻人，居然能写出这么高深的数学论文，必是奇才无疑！"

于是，熊庆来主任当即做出决定，聘请华罗庚到清华大学工作。

从此，清华大学数学系便多了一位叫华罗庚的助理教员。

培训，让团队高速前进

学校的普通教育，只能为我们提供一些基本的文化知识和基础技能。高效团队必须通过对成员的强化培训甚至多次培训、反复培训来达到高效运作的目的。

团队负责人为了提高劳动生产率和每个成员对岗位技能的满足程度，直接有效地为团队运营服务，就要不断地采取各种方式、方法，对团队中的各类人员进行教育培训，提高团队的协同性、高效性，促进业绩快速成长。

我在给广东外语外贸大学MBA中心讲授《高效团队构建》课程时，就高效团队在培训方面的创新与转变，提出如下几点建议。

第一，由知识传授向知识产品输出转变。

以前的培训多以知识传授为主，许多培训不能直接产生价值或效益。现在的企业培训，在向知识产品输出转变，要求培训贴紧工作所需，让参训者听得懂、学得会、用得上，帮助团队快速产生价值。

第二，由传承式向创新式转变。

传承式的培训，其方式和内容都存在一定的局限性，已不能适应现代管理需求。高效团队需要的培训要跟上团队建设需求，要不断创新培训内容和培训形式，使之更实用、更高效。

第三，由补缺式向挖潜性转变。

以前的培训多是"临阵磨枪"式的急功近利，缺少什么培训什么。高效团队需求的是既能满足当下工作需求，也能照顾未来发展的挖潜性培训，实现个人潜能的有效释放和团队对人才多元性的掌握。

第四，由"团队发展的单一性"向"团队发展与个人成长相结合的综合性"转变。

现代企业管理比较强调人性化，员工的成长诉求也在崇尚"个人成长与企业发展相结合"的双向提升方式。高效团队培训要顺应时代要求，既考虑团队高效的因素，也要兼顾团队成员的个人成长。

第六节　主管负责，员工高效有导向

主管的责任与担当，是团队凝聚力和高效性的重要条件。高效团队的主管，都有很强的工作责任心，既对自己的职务负责，对团队业绩负责，也对团队中的每一个成员负责。

敢于负责，张瑞敏这样带团队

很多人都知道张瑞敏的负责精神。1984年12月26日张瑞敏带领新班子走进青岛电冰箱厂时，面对的是147万元的亏空和混乱不堪的管理现状。他以对职工负责的态度赶到农村大队借钱，让全厂职工过了一个祥和年。

1985年，海尔刚有了一点起色，又面临质量问题。张瑞敏从消费者的来信中看到了质量问题的严重性，如不马上解决，肯定会给体质虚弱的海尔带来严重的市场问题。

其实，那时候的海尔在质量方面已经做了不少工作。张瑞敏要求厂部经常给干部和员工上质量管理课，讲日本质量管理知识，成立质量管理小组，但海尔的产品质量依然存在如此严重的问题。他认识到一个问题：质量管理的方法好学，效果却不好收。要收到质量效果，必须解决职工的质量意识问题。而质量意识不是一朝一夕能改变的。冰冻三尺，非一日之寒。

于是，张瑞敏带着质检人员到仓库一个一个查看电冰箱的质量。在库存的400多台冰箱中，发现有76台不合格。怎么办？张瑞敏左思右想，感觉压力很大。

面对已经入库的将近20%的不合格产品，回想起为了提高质量所做的诸多努力，张瑞敏觉得依靠质量管理方法是远远不够的，大家已经习惯了将制造的产品按标准分为一、二、三级和等外品的做法，所以都抱着"一点点瑕疵无所谓"的落后质量意识。海尔要发展，在质量方面就要与国际接轨，必须把大家从传统的质量意识中敲醒，让干部职工从思想深处升华质量观念。

一个大胆的想法在张瑞敏脑海中产生——砸掉76台不合格冰箱。

那个年代，冰箱是紧俏商品，一台普通的家用冰箱也要四五千元钱。张瑞敏的想法一提出，无异于在海尔丢了一颗炸弹，产生了强大的冲击波。职工议论，管理干部反对，领导找他谈话……各种压力纷至沓来。

张瑞敏是有抱负、有思想、有远见卓识的企业家，在关系到企业发展的大是大非面前，敢于坚持原则。为了海尔能有一个美好的明天，张瑞敏不妥协不退让，他坚持自己的观点，坚决砸掉了那76台不合格冰箱。这一砸，砸醒了海尔人"一点点瑕疵无所谓"的质量意识，砸出了一个响当当的"海尔"品牌。

一个优秀的团队负责人，在关系到团队业绩和长远利益的大是大非面前，要向张瑞敏一样敢于担当，勇于坚持原则。

任正非自罚一百万元

2018年初，一个关于华为总裁任正非因为公司内部出现的管理失误而自罚一百万元的新闻，备受人们关注。

对于企业负责人来说，敢于把问题揭示并公布出来，需要正视问题、纠正问题的勇气、自信和对企业负责任的鲜明态度。

像任正非这样享誉中国乃至全球的著名企业家，能正视自己作为企业一把手的问题，不推卸责任并自愿受罚，的确需要莫大的勇气和担当。

有人说，任正非这样的勇气和担当是难能可贵的。而我觉得，任正非之所以能成为影响全国乃至全球的著名企业家，正是因为他富有这样的批判精神、勇气和担当，这正是他的重要特质和人格魅力。

做有担当的高效主管

广东东联物业管理有限公司副总经理吉祥先生是我的学生，他是一位勇于担责的好主管，也是物管行业成长起来的后起之秀，深得董事长王伟雄先生的器重和褒奖。

2018年三四月份，我在东联物业指导实施卓越绩效项目时，与吉祥打交道非常多。不论是在培训课上还是项目辅导，作为董事长最器重的副总经理，吉祥都显示出自主的学习能力和强烈的责任心。在他的带动下，东联物业这个优秀团队，在追求卓越的道路上，步子迈得更稳、更快，已成为物管行业脱颖而出的黑马。

一次，吉祥向我请教怎样当一个高效主管。对这样虔诚的学生，我很愿意悉心传授自己的粗浅学养。我几乎给他讲解了高效主管应具备的所有素养，但强调最多的，还是高效主管应有的责任担当。

第七节　五步训练，培育部属讲方法

2018年4月，我在广东金万年文具有限公司做卓越绩效项目实施前情况调研时，看到该公司办公楼和车间墙壁上张贴着同样内容的标语：一位合格的管理者，首先应该是一位合格的培训师。

作为培训界资深从业者，那幅标语给我留下了深刻印象。

对于团队负责人来说，想让您负责的团队高效起来，获得最佳业绩回报，您就应该在培育部属方面不断提升自己。

要提高培训部属的效率和效果，应该遵循部属培训五步结构法。

说给他听（让他说给你听）

在训练部属的时候，对于"说给他听"的要求很多。

其一，作为导师，语言表达要清晰、到位，不能含糊其词。

其二，要求说标准、说要求、说关键点、说难点，让参训者听得清楚、明白。

其三，让参训者重复一遍，判断其理解、领悟是否有误，有问题及时校正。

做给他看（让他做给你看）

对于操作技能训练，导师要先做示范，边做边说要求、难点、关键点，加深参训者记忆。

让参训者按照你的演练顺序，重复做一遍。注意观察细节，判断其操作手法。有问题时及时校正。

和他一起做

导师和参训者一起做一遍。在过程中观察参训者的动作、手法是否和教的有偏差，如有偏差，及时纠正。

让他连续做五遍

一般性的技能训练，连续做五遍，基本就能掌握了。

这时候，导师要关注关键环节和难点部分，并把发现的问题记下来。

检查、纠错

最后环节是帮助参训者完善操作技能。在检查中发现的问题和偏差，要认真纠正，不放过任何一个细节错误。

必要时，可以重新回到第一步，从头到尾循环演练一遍。

第八节　有效激励，业绩增长促进剂

在高效团队中，激励的作用功不可没。没有激励作支撑，团队获取业绩的效果和速度都会大打折扣。

但有一些低效团队的管理干部，竟然把激励走向了反面，他们常用的激励手段就是简单的加薪、升职和其他物质刺激。这是错误的激励观念，是不可取的。

走出激励的误区

一次，我和广东外语外贸大学MBA中心主任王刚教授讨论员工激励的问题，王刚教授是中国物流与采购联合会国际采购与供应链管理核心专家，对员工激励课题认知颇深。他说："不要认为只有物质激励是最有效的。只要方法得当，精神激励产生的效果有时比物质刺激效果更明显。"

英雄所见略同。我在给企业干部讲成本管理课程时，常和学员分享如何激励员工的话题。物质激励虽然有其有效性，但同样具有局限性和抗药性。

最要命的是，物质激励会给团队增加成本。对团队主管或企业管理干部来说，应该站在企业成本控制的高度去衡量如何激励员工。

管理大师德鲁克说："如果物质奖励只有在大幅度提升的情况下

才能产生激励的效果，那么采用物质奖励就会适得其反。物质奖励的大幅度增加虽然可以获得期待的激励效果，但付出的代价实在太大，以至于超过激励所带来的回报。"

学会无成本激励

员工高效工作需要相应的激励，这就要求团队负责人掌握有效激励的方法。诚如王刚教授所说，物质激励是一种方式，但要认清其局限性。我们评估一个管理者是优秀还是平庸，看他激励部属的方式，就能窥一斑而略知全豹。

我在2016年出版的《微利管理》一书中，详细阐述了企业成本之高、利润之薄和管理干部应该在管理工作中多实施一些无成本激励的话题。

这些年，企业的运营成本越来越高，获利越来越困难，作为团队负责人或管理干部，如果我们在激励部属方面动不动就简单地实施物质激励，既弱化了激励的效果，又额外增加了企业的成本。更重要的是，我们也因此沦为了平庸的管理干部。

赢通公司的激励措施

我以前在赢通国际辅导企业管理变革时，对该公司实施的激励措施比较认可，在此分享给各位读者。

第一，升国旗，激励全体士气，增强凝聚力。

公司规定周一早上7：30—8：00为升国旗时间。每周一早上，大家要比平时早半小时进入工厂，集合在广场上参加升国旗活动。每当大家唱着国歌，看着国旗冉冉升起，心情无比激动、亢奋。升国旗活动不但激发了全体员工士气，还提升了企业的向心力和凝聚力。

第二，成长（晋升）激励。

对表现优秀的员工和干部，公司会因人而异地给予成长晋升的机会，在正式提拔之前，会为要晋升的员工提供见习、适应的机会。如果在见习期间发现不能适应即将提拔的职位，公司会再次考虑适合的职位。

第三，文化墙（表扬）激励。

各分公司都建有文化墙，用来弘扬企业文化，宣传先进班组和好人好事。各部门每个月、每个季度都对涌现出的先进单位、先进个人进行评选，并在文化墙相应栏目张榜公布。

第四，企业报刊（荣誉）激励。

公司创办的内部报纸《赢通之声》设有专门栏目，对各分公司呈报上来的表现特别优秀的员工，在报纸上发稿给予荣誉激励。

有效的激励措施，是倍增业绩的举措之一。对团队负责人来说，善于运用精神激励措施，既降低了企业的成本，也从精神高度升华了自己。

"包丹袋"的故事

讲授酒店管理课程的易钟老师，是我的朋友。在易钟老师出版的《海底捞的秘密》一书中，有一个"包丹袋"的故事，介绍了海底捞采用以发明人的名字命名"发明创新"的激励方式。

有个叫包丹的员工，发明了一个可以装手机的塑料袋。顾客吃饭时，将手机装在小塑料袋里，免得沾上油污。这个小发明得到不少顾客的赞许，公司推广到各个分店，并以发明人包丹的名字命名为"包丹袋"。这样的命名激励既满足了发明人的荣誉心，又激发了其他员工的发明、创新热情。

海底捞公司对员工的发明和创新想法进行评判，按照实用性、商业价值等含金量高低进行排名，并张榜公布，让积极参与发明创新的员工感受到荣誉和自豪。

我对部属的批评激励

激励员工通常分为正激励和负激励，批评和处罚就是负激励的方式。

1995年春，我在东莞市一家港台合资企业任生产主管，有个叫胡赞华的班长因为心情不好，当天分配给她们班的工作任务没有完成，也没有报备，就和完成任务的班一起下班了。

那个时候，生产线赶货特别紧，晚上加班都在零点以后，当天的生产报表要到第二天才能看到，所以，当天晚上没发现她们班没完成任务的问题。

第二天早上，我在生产报表上发现了这个问题。如果不处理，很可能会让她误认为我是一个没有原则的主管，以后会养成她完成不完成定量无所谓的坏习惯，所以我决定采用负激励的方式，指出她的问题，端正她的心态。

我在批评胡赞华的同时，特别强调："你带的班不能完成工作任务，不是你的能力不行，而是你的责任心不够。如果是你的能力不行，我会减少分给你们班的工作任务。但你是因为责任心不够造成这样的后果，所以，不但不能减少工作量，你们班今天还要把昨天欠的数量补回来。"

我这样严厉的批评，胡赞华不但没有反弹，反而很虔诚地向我道歉，并答应无论如何也要把前一天的欠量补回来。

回到班上，她督导员工加紧生产，并且还安排中午全体加连班赶生产任务。结果，不但当天的任务顺利完成，前一天的欠量也全数补齐。

在实施批评激励时，要注意褒、贬结合。这是批评激励的艺术。

褒，是在批评某个员工时，适度指出他某方面的优点，让他感觉到你批评他是对事不对人，是"恨铁不成钢"。

贬，是加强被批评者的警觉性，让他认识到所犯错误的严重性。

总之，批评激励既要指出问题点，体现出你是一个公正严明的管理干部，又不能伤及对方的自尊。

高效主管应了解的激励方式

我认为，高效主管应了解的激励方式有如下几种。

第一，赞美激励。

优秀的管理者要懂得赞美、学会赞美、善于赞美。赞美，是同事之间、上下级之间沟通的良方，管理者赞美员工，也是激励的良方。

第二，竖起你的大拇指。

有时候，管理者简单的"竖大拇指"动作，就能收到很好的管理效果。这就是激励。

当下面的员工完成一项工作的时候，你及时、诚心地对他竖竖大拇指，可能下一项工作他完成得更好。

当一个员工工作了一整天，晚上还要加班时，你在他下班前过去道一声"辛苦"，对他做出的工作成绩竖竖大拇指，他一天的疲劳就会消除。

第三，荣誉激励。

在团队里，可设效率奖、质量奖、节约奖、创新奖、认真负责奖等，对获奖者可以用颁发证书、送流动红旗、名单上墙、在企业报刊登报等形式。既能满足员工的荣誉感，又节省公司发奖金的成本。

第四，批评激励。

批评激励是负激励的表现形式之一。批评激励既要指出问题点，体现出你是一个公正严明的管理干部，又不能伤了部属的自尊。

第五，危机激励。

实施危机激励，是要加强员工的警觉心和危机感。许多企业建立了末位淘汰机制，给工作消极的员工制造心理压力。

第六，培训激励。

前面介绍的激励方法，都是针对已经发生和正在发生的事件实施激励。最积极的激励方法，是在现象出现之前采取措施，这就是培训激励的价值。

一个人的表现，不管是积极的还是消极的，都和心态有关。如果能在事态发生之前就导入培训的方式，通过培训，让员工的心态阳光起来，就能避免一些问题的发生。对个别在工作方面做出突出贡献，又有培养价值的员工或干部，也可以采用送到大专院校或培训机构进行外部培训的方式。

前面说过，我2017年受邀给广东外语外贸大学MBA企业家训练营授课，在该班学习的深圳市宝鹰建设集团股份有限公司的总裁、副总经理、总监就有17位。正因为该集团在培训激励方面舍得投入，集团发展速度相当喜人。

激励的注意事项

对部属实施有效激励，并不是简单的事情。在实施激励时，要多一些谨慎，慎重操作。

第一，激励方式正确、灵活。

在管理工作中，没有两个员工是完全相同的。所以，激励时要注意：对不同的人要采用不同的激励方法；对相同的人在不同的发展阶段也要用不同的方法。

第二，物质激励要公平、合理。

如需实施物质激励时，要体现出公平和公正。否则，不但失去激励的意义，还会产生负面问题。同时要懂得物质激励的局限性。

第三，激励的多变性。

部属的需求是在变化的，今天的激励方式有效，可能明天就会打折扣了。

第四，激励的及时性和抗药性。

其一，及时激励，不要让时间冲淡激励的效果。

其二，一种有效的激励方法，用过几次，可能就不再有作用了，因为激励的方法存在着抗药性。

第九节　持续创新，科学决策提业绩

企业不能创新，经营难以持续；团队不能创新，活力难以持续。

创新，是团队高效工作、提升业绩的动力和活力；创新，是企业占有市场、获取利润、持续经营的生命力。

在创新方面，某集团掌门人李先生带领团队做出诸多努力，其成效可圈可点。

用人创新，高效团队活力强

在团队用人方面，李先生有句名言："企业的好干部，一半靠选，一半靠打（在工作中历练）。"

第一，选人创新。

选人，是发现人才的过程。在选人方面，集团打破传统意义上的"优秀人才"理念，重视的是人员素养与职务、岗位的匹配度。

李先生在选人、用人方面"不选优秀而选适用的"人才观，与我在几年前出版的《适用的才是最好的：中小企业管理之道》一书提出的"适用的才是最好的"理念相符。

第二，用人创新。

李先生的用人原则，是把选拔的"准人才"放到实际工作岗位检验。总裁助理杨先生是品质中心总监，刚入职时，只是品质中心一名普通职员，受益于公司用人机制，一步步成长为品质工程师、品质主管、品管中心部长、总监，直到现在的总裁助理，这既是团队选拔的结果，也是其个人努力进取的客观体现。

产品创新，高效推出新品类

家电行业的竞争是惨烈的，不创新，无异于慢性自杀。

我在某集团指导实施卓越绩效项目3个月，多角度认知了该集团产品创新的艰辛历程。2012年，集团推出全球首台智能云空调。2015年9月，智能王空调凭借58项智能云空调功能，获得了世界纪录协会颁发的"世界最智能的空调"认证证书。2016年9月，智能王3代新品发布。2017年9月，智能王第4代新品发布。

管理创新，团队蝶变出效益

1994年建立电器厂时，只是一个半作坊式企业。经过一路脱胎蝶变，发展到今天拥有一万多员工、六百亿元产值的商业帝国，集团经历过太多次的蝶变与创新。每一次创新，都是在脱胎换骨中得以优化、进步、成长。

2018年在管理创新方面，集团推出"1234工程"——1个坚持：坚持以空调及其相关产品制造为主业；2个重点：技术驱动、卓越运营；3个方向：专业化、规模化、国际化；4个转变：盈利模式转变、生产制造模式转变、业务流程转变、组织管控模式转变，让管理更趋科学、完善。

获利创新，思路带来好效益

获利创新，是集团的重要经营特色之一。

面对不断上升的成本和竞争激烈的市场现状，空调制造商处于无奈的经营境地。放低价格抢占市场，企业没有利润；保住利润空间，就会失去市场优势。

某集团的创新思路是，向供应链前端延伸，建起配套厂。以前需要向供应商购买的压缩机、风轮、包装材料等主要零部件和包材，逐步走向自己生产的路线。主机使用自己生产的零部件，成本结构就与之前发生了变化。公司把节省下来的钱回馈到市场，空调的市场价格就能在保证利润空间的情况下得到有效降低。这种经营方式叫作"龙头产品保本，中间环节赚钱"。

第十节　汇聚智慧，众人献策绩效高

《团结就是力量》这支脍炙人口的歌，恐怕很少有人不会唱。大家都知道团结的重要性——没有卓越的个人，只有卓越的团队。

大家齐心协力，团队的力量是无穷的；团队一起贡献智慧，可以解决很多个人不能解决的问题。

鸭子战胜了老鹰

前一阵一只鸭子和老鹰在水中争战的视频被大量转发，虽是禽类之争，但对人亦有启发教益。

视频中，老鹰盘旋而下，突然袭击在河里凫水的几只小鸭子。关键时刻，护仔心切的鸭妈妈奋力反击，啄住老鹰往水中拖，老鹰的羽毛被水浸湿，优势逐渐变为劣势。

禽类中以凶猛著称的老鹰，一旦离开了供其施展优势的天空，被束缚了手脚，劣势越来越明显。与此相反，护仔心切的鸭妈妈却越战越勇。

就这样，老鹰被鸭妈妈啄住，一下浮出水面，一下被拖到水下，折腾了好长一会儿，鸭妈妈拼死啄住老鹰不放。这时候，有两三只小鸭子给鸭妈妈帮忙，鸭妈妈施展自己的优势，尽力不让老鹰露出水面。

在鸭妈妈的坚持和小鸭子的帮助下，凶猛的老鹰终于耗尽体力，几分钟后，老鹰被活活淹死了。

这个视频对人是有教益的。有时候，我们在工作中遇到的困扰可能比较大，只要我们不被困难吓倒，主管带领大家齐心协力、扬长避短，许多原本认为比较棘手的问题，在我们的努力与坚持下，也能得到有效解决。

抱团的蚂蚁力量大

一天傍晚，我讲完课，坐在酒店花园草地的石凳上休息，忽然看到一个有趣的现象。

一只蚂蚁发现一只比它的身体大许多倍的虫子尸体，那只蚂蚁在虫子尸体上面和周围爬了一圈，估计是衡量自己怎么也弄不动，就回了巢穴。

一会儿，那只蚂蚁带来了长长一排的蚂蚁来到虫子尸体旁边，足有好几十只。很快，这排蚂蚁将那只笨重的虫子尸体围了起来，仿佛一群人在抬一个很重的物体时需要喊口令指挥大家一起用力一样，那群蚂蚁排列有序，有的抬头，有的抬腿，有的抬身子，动作协调一致。说来奇怪，那只比蚂蚁身体大出许多倍的虫子尸体，竟然被这群体型瘦小的蚂蚁你举我扛地抬了起来，然后一步一步向蚁巢移动。

作为研究企业管理和团队建设的培训师，我被蚂蚁们这种"集体主义精神"释放出的团队力量震撼了。

由此我想到，在企业管理和团队建设中，如果我们的团队主管能带领全体成员发挥蚂蚁这种"抱成团解决疑难问题"的精神，我们的效率提升和业绩增长，就有了可靠的依托。

中国物流与采购联合会国际采购与供应链管理核心专家王刚教授在讲授供应链管理课程时说过："只要大家抱成团，发挥团队力量，贡献集体智慧，就能将供应链管理工作中遇到的问题解决好，将企业管理推向一个新的高度。"

当我们真正将蚂蚁的团队合作精神领悟透彻时，我们就不会再讥笑那些团结合作的弱势群体为"蚍蜉撼大树，可笑不自量"了。